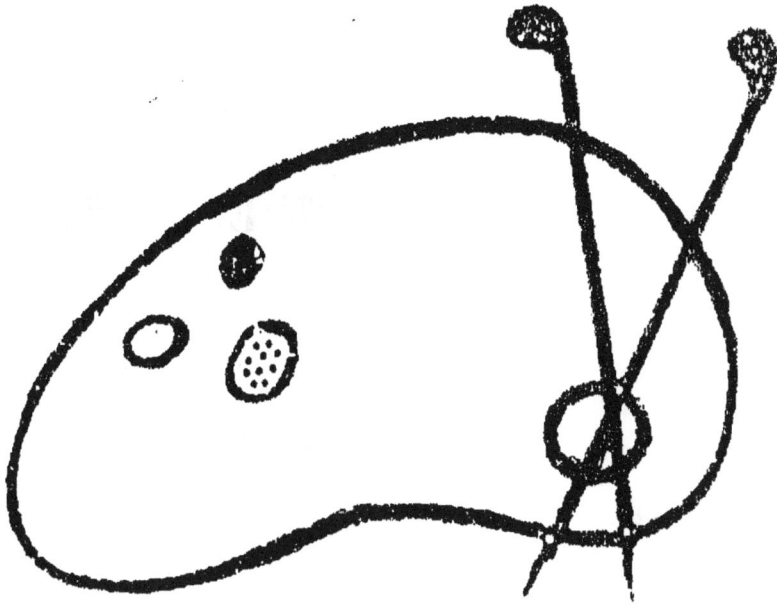

Début d'une série de documents
en couleur

# LUCILLE

OU

## LA JEUNE ARTISTE EN FLEURS

PAR

### STÉPHANIE ORY

TOURS

ALFRED MAME ET FILS

ÉDITEURS

# BIBLIOTHÈQUE
# DE LA JEUNESSE CHRÉTIENNE

## NOUVELLE COLLECTION

### Format in-8° — 4ᵉ série

Tours. — Imprimerie Mame.

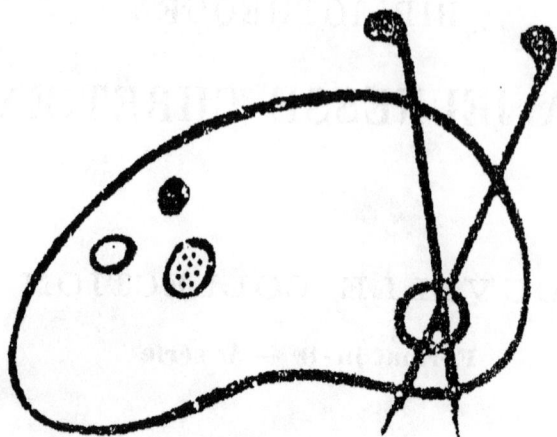

Fin d'une série de documents
en couleur

# BIBLIOTHÈQUE

DE LA

# JEUNESSE CHRÉTIENNE

APPROUVÉE

PAR Mgr L'ARCHEVÊQUE DE TOURS

—

4ᵉ SÉRIE IN-8ᵒ

« Dans une de mes excursions matinales, je rencontrai une
jeune fille qui tenait à la main un énorme bouquet de fleurs
des champs. »

# LUCILLE

OU

## LA JEUNE ARTISTE EN FLEURS

PAR

STÉPHANIE ORY

TOURS

ALFRED MAME ET FILS, ÉDITEURS

—

M DCCC LXXVII

# LUCILLE

---oo⚬oo---

## CHAPITRE I

### SERVANT D'INTRODUCTION

Une visite à l'exposition universelle de 1855.

Que le titre de ce chapitre ne vous effraie pas, mes chères lectrices : ne craignez pas que je vous fasse parcourir les immenses galeries du palais de l'Industrie et de ses annexes, et passer en revue les innombrables chefs-d'œuvre de toute nature, de toute espèce, de toute provenance, envoyés des cinq parties du monde à ce grand et pacifique concours industriel. Je me contenterai de vous conduire au milieu d'un groupe de jeunes personnes de votre âge, appartenant au pensionnat de M^{me} X***, un des plus distingués de Paris par l'excellente éducation et la solide instruction qu'on y reçoit, au moment où ces jeunes personnes étaient arrêtées devant les vitrines et les globes de verre de toutes dimensions renfermant les fleurs artificielles admises à l'exposition. L'Allemagne, l'Italie, l'Angleterre, Lyon et Paris, Paris surtout, avaient envoyé leurs plus brillants échantillons en ce genre d'industrie.

Nos jeunes pensionnaires, après s'être longtemps extasiées sur l'ensemble de cette gracieuse et splendide exhibition, passèrent à un examen plus détaillé. Comme la plupart d'entre elles s'occupaient, dans leurs loisirs, de dessiner des fleurs, ou même les reproduisaient au naturel à l'aide des procédés usités par les fleuristes de profession, elles n'étaient pas tout à fait étrangères à cet art et elles pouvaient, jusqu'à un certain point, juger du mérite de l'exécution. Ce qui prouve que leur appréciation ne manquait pas de justesse, c'est que, devançant l'opinion du jury international, elles décidèrent gravement, et à une immense majorité, que les autres pays, même les autres villes de France, étaient bien loin d'atteindre le degré de perfection auquel avait été portée à Paris la confection des fleurs artificielles, et qu'avec beaucoup d'efforts et de soins les étrangers, et même les provinciaux, ne parviendraient qu'à se rapprocher plus ou moins de la fabrication parisienne, mais jamais à l'égaler, bien loin de la surpasser.

J'ai dit que cet arrêt avait été rendu à une immense majorité, mais non à l'unanimité. En effet, deux ou trois opposantes se récrièrent avec force contre cette décision, qu'elles traitaient de partiale, parce que, suivant elles, toutes celles qui avaient manifesté cette opinion étaient Parisiennes.

« Mais, voyons, Mesdemoiselles, répondit aux réclamantes celle qui avait formulé le jugement et qui paraissait être une des plus âgées et des plus influentes de la petite bande, vous avez vous-mêmes trop de bon goût pour ne pas reconnaître ce qui est d'une évidence aussi palpable. Toi, par exemple, Anaïs, ajouta-t-elle en s'adressant à l'une des opposantes, toi qui es Lyonnaise, si je te disais qu'à Paris nous fabriquons des étoffes de soie et des rubans mieux qu'à Lyon et à Saint-Étienne, tu aurais parfaitement raison de nous accuser de partialité; tu me permettras bien de te dire que ta ville natale n'occupe dans la fabrication des fleurs que le second rang, tandis qu'elle est, j'en conviens, la première du monde dans la fabrication des soieries.

— Ah ! ah ! petite rusée, repartit en riant Anaïs, tu cherches maintenant à m'influencer en flattant mon amour-propre national; mais tu auras beau faire, tu ne réussiras pas à me persuader que Lyon ne peut pas aussi bien l'emporter sur Paris pour la confection des fleurs artificielles, qu'il l'emporte déjà, comme tu le reconnais toi-même, pour la fabrication des étoffes et des rubans de soie. L'un et l'autre genre sont une affaire de goût : et pourquoi, si nous réussissons dans l'un, ne réussirions - nous pas dans l'autre ?

— Et pourquoi, s'écria à son tour, avec un accent provençal assez prononcé, une jolie petite brune, aux grands yeux noirs pleins de vivacité et d'intelligence, pourquoi Marseille et Avignon ne rivaliseraient - ils pas aussi bien que Lyon avec Paris pour la fabrication des fleurs ? Vous n'en pouvez pas juger, il est vrai, par les échantillons qu'ont envoyés ces deux villes; mais il y a des maisons dont les produits sont admirables, et qui, je ne sais pourquoi, ne figurent pas à l'exposition, peut-être parce qu'elles n'ont pas jugé à propos de s'y faire représenter. J'en pourrais dire autant de quelques autres villes de France, de Besançon, par exemple, dont j'ai admiré des fleurs d'un goût exquis, ou bien encore de Nancy; mais je laisse le soin de défendre cette dernière ville à notre amie Céline, qui est Lorraine, et qui s'est prononcée tout à l'heure, avec Anaïs et moi, contre les prétentions exagérées de mesdemoiselles les Parisiennes. »

Celle que la petite Provençale venait d'ap-

peler Céline était une belle blonde de quinze
à seize ans, au visage frais et gracieux, aux
yeux bleus pleins de douceur, à la taille
élancée et flexible, mais dont les membres
grêles et fluets n'avaient pas encore acquis
le développement et l'embonpoint que l'âge
devait leur donner, pour compléter l'ensemble régulier qu'elle promettait d'atteindre
plus tard. Ainsi interpellée, Céline répondit
en rougissant : « Je n'ai pas la présomption
de vouloir mettre ma ville natale au niveau
des grandes villes de Marseille, de Lyon et
surtout de Paris; c'est comme si je voulais
comparer le petit bras de la Meurthe qui
l'arrose aux grands fleuves du Rhône ou de
la Seine. J'avouerai même que la fabrication des fleurs à Nancy, quoique ayant une
certaine importance, ne pourrait soutenir
le parallèle avec les villes que je viens de
citer. Mais si la Lorraine n'occupe en ce
moment qu'un rang très-secondaire en ce
genre, on ne devrait pas oublier que l'art
du fleuriste ne lui a pas moins de grandes
obligations; car c'est dans notre pays que cet
art a pris naissance en France, qu'il s'est

développé, pour se répandre ensuite à Lyon,
à Marseille, à Paris.

— Comment! s'écrièrent aussitôt plusieurs
voix, c'est en Lorraine que l'art de faire des
fleurs artificielles a été inventé?

— Je ne dis pas, reprit Céline, qu'il y a
été inventé; non, cet art nous est venu
d'Italie, où il a été découvert dès le temps
de la renaissance; mais il a été importé en
Lorraine vers le milieu du XVIᵉ siècle, ainsi
que le constate une légende bien connue
dans nos contrées, et dont vous, mademoiselle Cormier, vous avez dû entendre parler, car vous avez, je crois, habité quelque
temps Nancy. »

Mˡˡᵉ Cormier, à qui s'adressait Céline,
était la sous-maîtresse accompagnant les
douze à quinze pensionnaires qui avaient
obtenu ce jour-là la permission de visiter
l'exposition. Elle avait écouté en silence, et
en souriant parfois, la discussion soulevée
entre ses jeunes élèves; mais elle n'avait pas
jugé à propos d'y prendre part. A l'inter-
pellation de Céline, Mˡˡᵉ Cormier répondit :
« J'ai entendu effectivement parler de cette

légende, qui m'a paru assez intéressante; mais je l'ai presque entièrement oubliée; vous devriez bien, mademoiselle Céline, nous la raconter; je suis sûre que ces demoiselles l'écouteraient avec plaisir.

— Oh! oui! oui! s'écrièrent toutes ensemble les jeunes filles. Une légende! ce doit être charmant; raconte-nous cela, ma bonne petite Céline. » Et, sans attendre sa réponse, elles s'assirent sur des siéges autour d'un banc au milieu duquel était placée M<sup>lle</sup> Cormier, ayant à sa droite Céline et Anaïs, et à sa gauche la petite Provençale et une autre pensionnaire.

Ce jour-là il n'y avait pas foule à l'exposition, ce qui permettait à nos jeunes pensionnaires de n'être pas importunées par les visiteurs. Céline, sans se faire prier, mais non sans rougir beaucoup, commença ainsi.

« Vers l'an 1530, vivait dans les environs de Nancy un seigneur lorrain nommé Lambert Harnauld ou Harnald. C'était un vrai chevalier, également renommé pour sa bravoure et pour sa piété. Il avait surtout une dévotion particulière envers la sainte Vierge, en l'honneur de laquelle il avait fait ériger une chapelle dans son château. Ce château, situé non loin des frontières, était souvent, dans ces temps de guerre, exposé aux attaques de l'ennemi, et Harnald, quoiqu'il pût compter pour sa défense sur la vaillance des hommes d'armes qu'il commandait et sur son propre courage, comptait encore plus sur la protection de la Mère de Dieu, qu'il avait solennellement reconnue pour sa suzeraine et dont il s'était déclaré l'homme lige.

« Un jour, une troupe nombreuse de reîtres allemands appartenant à ces sectes fanatiques écloses à la suite de l'hérésie de Luther, se jetèrent sur les frontières de la Lorraine, pillant et saccageant les couvents et les églises, renversant les croix et n'épargnant pas davantage les demeures des paisibles habitants des campagnes. A l'approche de ces mécréants, Harnald se mit à la tête de ses meilleurs hommes d'armes, pour aller à la défense de ses vassaux qui imploraient son secours. Bientôt il rencontra l'ennemi ; mais, quoique sa troupe fût bien moins

nombreuse que celle des reîtres, il n'hésita
pas à l'attaquer, après s'être recommandé à
Dieu et à la sainte Vierge, sa suzeraine.
L'impétuosité du chevalier lorrain et de ses
hommes d'armes fit d'abord plier les héré-
tiques ; mais, se ralliant à la voix de leur
chef, qui avait reconnu le petit nombre des
assaillants, ils tinrent ferme, et attaquèrent
à leur tour avec furie la petite troupe de
Harnald. Soutenus par la voix et par l'exemple
de leur chef intrépide, nos Lorrains faisaient
des prodiges de valeur. Les reîtres allaient
peut-être céder de nouveau, quand leur ca-
pitaine, espèce de géant tout couvert de fer,
s'élance, la visière baissée et la lance en
arrêt, contre le valeureux Harnald. Celui-ci
n'a que le temps de se mettre en défense
et de parer le coup terrible que son adversaire allait lui porter. Alors s'engage entre
les deux chefs une espèce de combat singu-
lier, dont l'issue sera la mort de l'un ou de
l'autre. Par une sorte d'accord tacite, les
deux troupes restent spectatrices immobiles
de ce duel. Au moment où Harnald reconnut le danger qu'il courait, car il ne pou-

vait se dissimuler la supériorité de son adversaire, mieux monté, plus grand et plus
fort que lui, il fit vœu, s'il sortait vainqueur de ce combat, de faire hommage à
la sainte Vierge, chaque jour, tant qu'il
vivrait, d'un bouquet de fleurs nouvelles.
Presque aussitôt la lutte s'engagea; elle fut
longue et terrible. Harnald, deux fois blessé,
sentait ses forces l'abandonner; il allait suc-
comber, quand tout à coup il s'écria : « O
« ma bien-aimée suzeraine ! sainte vierge
« Marie ! laisserez-vous vaincre par cet hé-
« rétique, par ce félon mécréant, votre plus
« sincère et dévot serviteur ! »

« A ces mots, il prit du champ; puis, dans
un effort suprême, il s'élança sur son adversaire et lui porta un coup si terrible, qu'il
l'étendit mort à ses pieds.

« A cette vue, les reîtres prirent la fuite
de toute la vitesse de leurs chevaux, et les
Lorrains les poursuivirent l'épée dans les
reins, en tuèrent un grand nombre, et for-
cèrent le reste à abandonner le pays.

« Harnald, de retour à son château, son-
gea immédiatement à acquitter son vœu.

C'était chose facile pour le moment; car ce que je viens de vous raconter s'était passé au mois de mai. Tant que dura la belle saison, Harnald put décorer avec profusion l'autel et la statue de la Mère du Sauveur avec des fleurs chaque jour renouvelées; mais quand vinrent les brumes de l'automne, il commença à reconnaître que son vœu avait été bien téméraire : les fleurs nouvelles devenaient chaque jour plus rares, car les serres chaudes étaient à peu près inconnues à cette époque. Aux brumes succédèrent les frimas, et à peine alors vingt-quatre heures de pénibles recherches suffisaient-elles pour trouver quelques pâles perce-neige. Harnald était au désespoir : manquer à son vœu lui paraissait un parjure irrémissible; il fit publier que, tant que durerait l'hiver, il paierait au poids de l'or les fleurs qu'on lui apporterait.

« Il arriva alors qu'un de ces chercheurs d'aventures, fort communs dans ce temps-là, se présenta au seigneur lorrain, et offrit de lui fournir chaque matin un bouquet de fleurs, non pas sorties du sein de la terre, mais faites de la main de l'homme, comme on en faisait en Italie, où il avait longtemps résidé.

« Harnald hésita d'abord à accepter cette offre ; il lui semblait que cette manière d'accomplir son vœu était presque un subterfuge ; mais un instant de réflexion suffit pour dissiper ce scrupule ; il se dit que la sainte Mère de Dieu était trop miséricordieuse pour exiger de son dévoué et fervent serviteur plus que le possible, et que d'ailleurs son vœu serait accompli à la lettre, puisque les fleurs seraient non-seulement *nouvelles*, mais encore faites exclusivement à son intention. Il accepta donc, apprit de l'aventurier à fabriquer les fleurs comme on les fabriquait alors en Italie, c'est-à--dire d'une manière fort imparfaite. En effet, à cette époque on n'employait en Italie, pour la confection des fleurs artificielles, que des morceaux de soie ou de rubans de diverses couleurs, sans gradation de nuances, dont on faisait des pétales fantastiques, extravagants, et qu'on appliquait à toutes sortes de fleurs, de sorte qu'il n'y avait nulle dif-

férence entre la corolle d'une rose et celle
d'un pavot, et que les calices des fleurs les
plus différentes se ressemblaient. Quant aux
étamines, aux pistils, aux anthères, il n'en
était pas question, et les tiges, plus ou moins
longues et grosses, étaient en bois ou en fil
de fer grossier, recouvert de soie verte. Ces
espèces de fleurs imparfaites se plaçaient
dans les églises, sur des autels très-élevés
et dans les lieux où, ne pouvant être vues
que de loin, l'illusion fût plus facile.

« Telles furent les leçons qu'Harnald reçut de l'étranger; mais, comme il avait du
goût, il comprit bientôt l'imperfection d'un
art aussi grossier; puis, comme son zèle,
dans cette étude, était aussi ardent que sa
foi était vive, il devint promptement supé-
rieur à son maître, et il entreprit de perfectionner lui-même l'art qu'on lui avait enseigné. Bientôt il remplaça les rubans et
les morceaux de soie, qui prenaient diffici-
lement les formes de feuilles et de pétales,
par du parchemin préparé exprès et auquel
il parvint à donner toutes les couleurs et les
nuances désirables; aux tiges, que le pro-

fesseur faisait en bois ou en fil de fer, l'élève
substitua, pour certaines fleurs, des soies de
sanglier. Enfin, prenant ses modèles dans la
nature et non dans la fantaisie, il parvint à
imiter les plus belles fleurs avec une perfection que nul n'avait atteinte avant lui.

« Un si beau talent ne pouvait demeurer
longtemps ignoré, et bientôt il n'y eut pas
une châtelaine à dix lieues à la ronde qui
ne se trouvât heureuse de posséder quelqu'un
de ces charmants bouquets sortis des mains
de l'habile et noble artiste Harnald.

« J'ajouterai en terminant que l'heureux
gentilhomme eut bientôt de nombreux imi-
tateurs, non-seulement parmi les nobles
dames de la province, mais encore chez les
industriels du temps, pour quelques-uns
desquels l'amour du lucre était un stimulant
non moins puissant que ne l'avait été chez
Harnald sa dévotion à la sainte Vierge. C'est
ainsi que cette industrie s'établit à Nancy
vers le milieu du XVIe siècle, et de là se
répandit, comme je l'ai dit, dans le reste
de la France, et surtout à Paris, où, dès le
commencement du XVIIe siècle, il y avait déjà

plusieurs fleuristes assez habiles pour se faire
une réputation européenne. »

Toutes les camarades de Céline applaudi-
rent à son récit et la remercièrent de sa complaisance. Les Parisiennes seulement remar-
quèrent que, d'après le récit lui-même, la
supériorité de Paris dans ce genre de fabrication s'était établie dès le commencement du
XVIIᵉ siècle, et n'avait fait, depuis cette époque, que s'accroître tous les ans.

« Permettez, Mesdemoiselles, dit alors
Mˡˡᵉ Cormier; sans rentrer dans la discussion,
qui me paraît fort oiseuse du reste, sur la supériorité incontestable de Paris pour la fabrication des fleurs, je vous ferai observer
que cette supériorité tient à des causes parti-
culières qui donnent à notre capitale un avantage que n'ont pas les autres villes de la France
ni de l'étranger. D'abord c'est à Paris que se
règle généralement la mode pour toutes les
nations civilisées, et comme les fleurs artificielles font une partie essentielle des élégantes toilettes dont la mode varie incessam-
ment la forme et la couleur, il n'est pas étonnant que Paris réunisse le plus grand nombre

d'artistes distingués dans ce genre, comme il en réunit dans tant d'autres. Mais la mode est capricieuse, et, du jour où elle cesserait de faire usage des parures de fleurs, l'art deviendrait stationnaire même à Paris, et tomberait peut-être bientôt en décadence. Cela vous paraît douteux? continua M{i}^{lle} Cormier en remarquant un mouvement d'incrédulité se manifester dans une partie de son auditoire; rien n'est pourtant plus vrai, et c'est ce qui est arrivé dans le xviii° siècle, pendant toute la durée du long règne de Louis XV. Par un caprice de la mode, ou, si vous l'aimez mieux, des grandes dames de ce temps-là, les fleurs cessèrent d'entrer dans leur parure; on les négligea, on les abandonna; on cessa, pour ainsi dire, de cultiver les fleurs naturelles, et à plus forte raison d'en créer d'artificielles. Mais, à l'arrivée de Marie-Antoinette en France, il se fit en faveur des fleurs une réaction rapide qui leur rendit bientôt la vogue dont elles avaient joui.

« Comme toutes les femmes supérieures et vraiment élégantes, cette princesse avait à un très-haut degré le sentiment du beau, du gracieux ; elle aimait les fleurs avec passion. Il n'en fallut pas davantage pour que ces pauvres dédaignées revinssent à la mode ; non-seulement on se prit à en cultiver de toutes parts, mais chacun voulut en fabriquer, et il n'y eut bientôt plus une dame de la cour qui ne sût raisonner tiges, feuillages, corolles, calices, pétales et le reste ; ce qui, pour beaucoup d'entre elles, eut le double avantage de leur enseigner quelques éléments de botanique.

« Cette vogue nouvelle imprimée à l'art du fleuriste attira bientôt à Paris bon nombre d'industriels distingués en ce genre ; car il est bon, Mesdemoiselles, de remarquer en passant que si Paris brille dans les arts et l'industrie d'un éclat incomparable, il ne le doit pas toujours aux enfants nés dans son sein, mais aussi en bonne partie à cette foule d'hommes sortis des provinces ou de l'étranger qui sont attirés à Paris comme vers un centre où ils espèrent trouver la fortune et la gloire. Souvent ils n'y rencontrent que de cruelles déceptions ; c'est même le sort réservé au plus grand nombre ; quelques-uns seule-

ment, favorisés par des circonstances heureuses, obtiennent des succès rapides, mer-
veilleux, qui les portent en un instant au faîte
de la renommée. C'est ce qui arriva, à l'é-
poque dont je parle, à un étranger nommé
Wendzel. Il était à la fois très-habile artiste
et homme de beaucoup d'esprit; il saisissait
avec un tact parfait toutes les occasions de se
faire remarquer. On raconte qu'un jour le
comte d'Artois, qui depuis fut roi sous le nom
de Charles X, fit appeler Wendzel; c'était
vers la fin de décembre de l'année 1784. Le
prince dit à l'artiste : « Je ne puis et ne veux
offrir à la reine, au premier de l'an, qu'une
simple fleur; mais il faudrait que cette fleur,
n'ayant aucune valeur intrinsèque, fût un
véritable chef - d'œuvre, une merveille de
l'art, et par conséquent d'un prix inestimable.
On m'a dit que vous étiez seul capable de réa-
liser l'idée que j'ai conçue : puis-je compter
sur vous ?

« — Je ferai mon possible, répondit l'artiste, l'impossible même s'il le faut, et j'espère que Monseigneur sera satisfait. »

« Wendzel tint parole, et peu de jours après

2

toute la cour admirait au corsage de Marie-
Antoinette la plus belle, la plus fraîche, la
plus délicieuse rose que l'on eût jamais vue.
L'artiste s'était véritablement surpassé ; les
pétales de cette fleur sans pareille étaient faits
de ces pellicules légères et presque vaporeuses
qui tapissent l'intérieur de la coquille des
œufs, et ils étaient disposés de manière à
figurer le chiffre de la reine.

« On comprend si ce chef-d'œuvre dut
mettre le comble à la réputation de Wendzel et à l'engouement des Parisiennes pour les
fleurs artificielles. Toutes les grandes dames
voulurent recevoir de lui des leçons, que
l'heureux professeur se faisait payer un prix
exorbitant. Ce fut véritablement à cette époque que l'art de composer les fleurs artificielles reçut en France ses grandes lettres de
naturalisation ; et l'on peut affirmer qu'en
aucun autre pays du monde il n'est arrivé à
un si haut degré de perfection. Ce qui ten-
drait à prouver que ce goût de fleurs artificielles n'était pas un caprice ni une fantaisie
passagère, c'est que depuis Wendzel, c'est-à-
dire depuis soixante-dix ans, cet art, loin de

rester stationnaire ou d'éprouver un mouvement de décadence, n'a cessé de faire de nouveaux progrès jusqu'à nos jours. Aux deux ou
trois expositions qui ont précédé celle-ci, j'ai
entendu dire, en parlant de la confection des
fleurs : « Il n'est pas possible d'aller plus loin,
et la perfection a atteint ses dernières limi-
tes. » On citait entre autres, à l'une de ces
expositions, des fleurs et des fruits en cire,
qui imitaient si bien la nature, que les fleuristes les plus habiles s'y méprenaient eux-
mêmes, et qu'à moins de toucher il était
impossible de distinguer le produit de l'art de
celui de la nature. Eh bien, à chaque nouvelle
exposition, c'était toujours nouveau prodige,
et celle-ci, à mon avis, surpasse encore toutes
celles qui l'ont précédée. Je ne veux pas,
pour le prouver, entrer dans un examen détaillé, même général, des magnifiques produits que vous admiriez tout à l'heure, et que
même vous avez appréciés avec beaucoup de
justesse et de tact ; je veux seulement appeler
votre attention sur une petite merveille qui
occupe bien peu de place, et qui pour cela
peut-être aura échappé à plusieurs d'entre

vous : c'est un de ces tours de force dans le genre de ceux dont je vous parlais tout à l'heure, et où l'artiste a pris à tâche de lutter corps à corps, pour ainsi dire, avec la nature elle-même. Seulement, dans l'exemple que je vous citais, il était question de fruits et de fleurs en cire ; mais la cire est une substance qui se prête admirablement à recevoir toutes les formes, toutes les empreintes, toutes les couleurs qu'on veut lui donner ; aussi, quand il s'agit de corps solides et d'objets d'une certaine consistance, tels que des fruits et certaines fleurs dont la forme est en quelque sorte compacte, on conçoit que l'on puisse arriver aisément, avec de la cire, à une imitation aussi parfaite que possible ; mais la difficulté est d'atteindre à cette perfection avec les matériaux ordinaires, qui permettent en même temps de confectionner les fleurs les plus délicates et ces innombrables accessoires de certaines plantes connus sous le nom de stipules, de vrilles, de barbes, de poil, de duvet, etc., tous objets que la cire ne pourrait imiter ; eh bien, Mesdemoiselles, c'est cette difficulté qui me paraît avoir été

vaincue dans le petit chef-d'œuvre dont je
veux vous parler. Avez-vous remarqué, dans
la troisième vitrine à gauche de cette galerie
(et elle indiquait de la main la galerie dont
elle voulait parler), deux de ces vases qui
servent ordinairement à orner une cheminée,
une console, une étagère? »

A cette question, la plupart des jeunes
pensionnaires dirent qu'elles n'y avaient
pas fait attention; quelques autres, qu'elles
avaient bien vu, mais qu'elles n'avaient rien
remarqué d'extraordinaire qui leur eût paru
digne de fixer leur attention d'une manière
particulière. Une d'elles observa qu'elle avait
bien fait attention à ces deux vases, qu'elle
avait même admiré la rare perfection avec
laquelle les fleurs étaient travaillées; qu'elle
avait seulement été étonnée que les deux bouquets fussent exactement semblables, et composés chacun du même nombre et de la même
espèce de roses, d'œillets, de bluets, etc.,
disposés de la même manière et avec la même
symétrie; « c'est au point, ajouta-t-elle en
terminant, que je me disais en moi-même :
Tiens, ces deux vases, avec leurs garnitures,

ressemblent aux deux épreuves d'un stéréoscope, qui ne font qu'une seule image quand
on les regarde dans les verres de cet instru-
ment; je suis sûre qu'il en serait de même si
l'on pouvait regarder ces deux vases de la
même manière.

— Eh bien, ma chère Anaïs (car c'était
notre ancienne connaissance Anaïs la Lyonnaise qui venait de parler ainsi), dit M^lle Cormier, vous faites là l'éloge le plus complet de
mon chef-d'œuvre en question, et ce que
vous venez de dire me prouve que vous l'avez
examiné avec une certaine attention. Oui,
Mesdemoiselles, la comparaison d'Anaïs avec
les épreuves du stéréoscope est parfaitement
exacte; seulement il y a ici une différence
dont elle ne vous a pas parlé : c'est que dans
le stéréoscope chacune des deux épreuves est
faite de la même manière et composée des
mêmes substances que l'autre, tandis qu'ici
l'un des deux bouquets est formé de fleurs
artificielles, et l'autre... de fleurs naturelles.

— De fleurs naturelles! s'écrièrent toutes à
la fois les jeunes filles saisies d'étonnement.

Oh ! Mademoiselle, allons voir cette incroyable merveille, » ajoutèrent-elles en se levant toutes ensemble et en priant Mlle Cormier de les conduire vers son chef-d'œuvre. Celle-ci, qui ne demandait pas mieux, s'empressa d'acquiescer à leur désir, et en un instant toute la troupe se trouva réunie autour de la vitrine contenant ces deux vases semblables, et pourtant si différents.

# CHAPITRE II

Un pari anglais.

Quand nos jeunes pensionnaires arrivèrent à l'endroit désigné, elles y trouvèrent deux gentleman anglais et deux ladies, qui disputaient vivement entre eux à l'occasion de ces deux bouquets. Chacun de ces quatre personnages tenait à la main un prospectus que venait de leur donner un des commis de l'exposant à qui appartenaient ces vitrines. Au bas de ce prospectus, que le même commis s'empressa de distribuer à nos jeunes personnes quand elles arrivèrent près de lui, on lisait cette note : *Messieurs les visiteurs sont priés de faire attention aux deux vases de fleurs placés dans la vitrine n° 3 (*Maison Durier et C^{ie}*); l'un de ces vases est garni de fleurs toutes semblables, mais artificielles. — Les personnes qui pourraient distinguer* de visu *la nature des fleurs de chaque bouquet sont invitées à en faire part à l'exposant; si les motifs de cette distinction sont reconnus sérieux, celles qui auront deviné juste recevront, à leur choix, une des fleurs exposées dans les vitrines, ou un billet d'abonnement gratuit pour le reste de l'exposition.*

Là-dessus une vive discussion s'était élevée, comme nous l'avons dit, entre nos quatre Anglais, hommes et femmes. Comme M^{lle} Cormier et la plupart de ses élèves comprenaient l'anglais, elles écoutèrent avec beaucoup d'attention et d'intérêt la dispute.

Après avoir examiné longtemps et en silence les deux vases, l'un des gentlemen dit : « Je ne crois pas qu'il soit possible d'apercevoir une différence entre ces deux vases : qu'en dites-vous, Milady ? »

Milady approcha son binocle de ses yeux, avança de quelques pas, se recula d'autant, se plaça dans un jour différent, et après toutes ces manœuvres elle répondit laconiquement à son mari : « Non, Milord, je ne crois pas non plus. »

Pendant ce temps-là l'autre couple s'était livré à un examen tout aussi minutieux, quand tout à coup le gentleman qui en faisait partie s'écria : « Oh! j'ai deviné le mot de l'énigme. »

A ces mots, l'autre gentleman se livra à un nouvel examen plus minutieux encore que le premier ; puis, s'adressant à son compagnon, il lui dit : « Vous prétendez reconnaître d'ici lequel de ces vases contient des fleurs naturelles, et lequel en contient d'artificielles ?

— Oui, Milord.

— Et moi je ne le crois pas, et je parie tout ce que l'on voudra que vous vous trompez.

— Je parie cinquante livres sterling.

— Et moi j'en parie cent, encore une fois, que vous vous trompez.

— Je les tiens. » Et nos deux Anglais se donnèrent une énergique poignée de main pour cimenter leur pari.

Les conventions du pari étant bien arrêtées, on appela le commis qui avait distribué les prospectus, et on lui soumit la question. Celui-ci répondit qu'il ne lui appartenait pas de la décider, et il alla chercher M^me Durier, sa patronne, qui seule pouvait, selon lui, juger le différend. M^me Durier arriva bientôt, salua M^lle Cormier d'un air de connaissance, et, croyant que c'était elle qui la faisait appeler, lui demanda de quoi il s'agissait. Celle-ci la mit en peu de mots au courant de l'affaire. Alors M^me Durier, se tournant vers les Anglais, leur dit d'un air gracieux : « Messieurs, il paraît que vous avez découvert un moyen de reconnaître d'ici la nature des fleurs qui composent ces deux vases ; en ce cas vous aurez gagné la prime annoncée, si votre découverte remplit les conditions indiquées.

— Ce n'est pas moi, Madame, dit celui qui avait parié cent guinées ; je déclare, au contraire, que je regarde comme impossible, à moins de les toucher, de reconnaître celles de ces fleurs qui sont naturelles et celles qui ne le sont pas ; c'est Monsieur, ajouta-t-il en montrant son compatriote, qui prétend les distinguer, et j'ai parié cent livres contre lui qu'il est dans l'erreur.

— En ce cas, Monsieur, dit M^me Durier en se retournant vers l'autre Anglais, veuillez m'indiquer ce qui vous fait discerner la nature de chacun de ces bouquets.

— J'avoue, Madame, répondit le gentleman à qui elle venait de s'adresser, qu'au premier coup d'œil j'étais entièrement de l'avis de mon honorable adversaire, et je reconnais que, sans une circonstance presque imperceptible, il m'eût été impossible de découvrir la différence que je puis maintenant signaler. Les deux bouquets sont parfaitement semblables, composés d'un même nombre de fleurs qui semblent parfaitement identiques ; cependant, en examinant avec la plus grande attention, j'ai reconnu que parmi les roses de l'un d'eux se trouvait un dahlia panaché correspondant à une rose panachée qui occupe la même place dans l'autre bouquet ; la ressemblance de nuance et de forme de ces deux fleurs, vues à une certaine distance, pouvait facilement les faire confondre à des yeux moins exercés que les miens; mais maintenant que je viens de signaler ce fait, chacun peut sans peine le reconnaître comme moi. »

Tout le monde porta aussitôt les yeux sur les deux vases, et l'on reconnut, en effet, que ce qu'il disait était vrai.

« Votre observation, Monsieur, lui dit M^{me} Durier, est parfaitement exacte; mais qu'en concluez-vous?

— J'en conclus, Madame, reprit l'insulaire avec assurance, que le dahlia ne fleurissant qu'en septembre ou bien au mois d'août au plus tôt, comme nous ne sommes encore qu'au mois de juin, celui-ci est un dahlia de contrebande, ou, si vous voulez, un dahlia parfaitement imité, mais enfin qui n'est qu'un produit de l'art; or, comme on ne l'aurait pas mêlé lui seul avec des fleurs naturelles, ce qui eût été contraire à votre prospectus, qui annonce que chacun des deux vases est composé en entier de fleurs naturelles ou de fleurs artificielles, j'en conclus enfin que le bouquet auquel il appartient est lui-même en entier composé de fleurs artificielles. »

A ces conclusions si logiquement déduites, la plupart des spectateurs de cette scène, et ils étaient devenus assez nombreux, attirés par le bruit de cette discussion, donnèrent raison à l'Anglais qui venait de parler; et son adversaire, baissant la tête, semblait déjà s'avouer vaincu, lorsque M<sup>me</sup> Durier, s'adressant à celui qui prétendait avoir découvert le mystère, lui dit en lui montrant le vase qui contenait le dahlia accusateur : « Ainsi, Monsieur, c'est bien ce bouquet que vous reconnaissez pour être composé de fleurs artificielles?

— Oui, Madame.

— Et celui-ci, ajouta-t-elle en montrant l'autre, ne contient par conséquent que des fleurs naturelles?

— C'est bien ce que j'entends, Madame.

— Eh bien! reprit M<sup>me</sup> Durier en ouvrant la verrière et en prenant le premier vase, j'en suis fâchée pour vous, Monsieur, mais vous avez perdu votre pari. » En même temps, enlevant le bouquet entier du vase, elle en montra les tiges, dont l'extrémité inférieure trempait dans l'eau pour en entretenir la fraîcheur; elle fit toucher les feuilles, les calices, les corolles, respirer l'odeur des roses et des œillets, etc.; puis, prenant l'autre vase, elle en enleva le bouquet avec plus de précaution, ce qui n'empêcha pas d'entendre cette sorte de grésillement produit par le froissement des légères étoffes et des tiges artificielles dont le bouquet était formé; elle montra ensuite les fils de fer et de laiton qui apparaissaient à découvert dans la partie inférieure, fit toucher les diverses parties des fleurs, en faisant remarquer qu'elles étaient sans odeur, parce qu'on avait négligé de les parfumer de l'essence de chaque fleur qu'elles imitaient, ce qui leur eût donné une ressemblance de plus avec les fleurs naturelles.

Tous les spectateurs étaient dans l'admiration, et l'Anglais qui avait gagné son pari ne cessait de s'écrier : *Oh! very ingenious! very industrious!* Mais son adversaire ne se tint pas encore pour battu, et il chercha, comme on dit et comme il arrive souvent en désespoir de cause, à se raccrocher à une branche ; mais ici cette branche n'était qu'une fleur qui né pouvait lui donner un appui bien solide.

« Permettez, Madame, dit-il à M^{me} Durier, dans toute l'exhibition que vous venez de nous faire, vous ne nous avez pas parlé du dahlia ; je soutiens encore qu'il ne peut pas être naturel, puisqu'il ne fleurit pas dans cette saison ; et si vous avez introduit une fleur artificielle dans le vase qui contenait les fleurs naturelles, vous m'avez par là induit en erreur, et vous avez été cause que j'ai perdu mon pari, ou plutôt je prétends que le pari doit être annulé.

— Votre réclamation serait juste, Monsieur, reprit M^{me} Durier, si le dahlia en question était artificiel ; mais il est tout aussi naturel que les autres fleurs au milieu desquelles il est placé, et pour preuve, ajouta-t-elle en le retirant du bouquet, le voilà ; examinez-le, et vous reconnaîtrez qu'il est l'ouvrage de l'immortel artiste qui créa en se jouant un monde et une fleur.

— *Ho ! very ingenious ! very industrious !* » répétait l'Anglais vainqueur.

L'autre enfin avoua sa défaite; mais il demanda à M^{me} Durier comment il se faisait
que ce dahlia eût fleuri plus tôt que de cou-
tume.

« Ceci, répondit-elle, je ne pourrais pas
vous l'expliquer, car je ne m'occupe guère
de la culture des fleurs naturelles; seulement ce matin, quand je me suis adressée
à un des jardiniers fleuristes de l'exposition
d'horticulture, pour avoir les fleurs naturelles qui devaient composer ce bouquet, il
n'avait pas pour le moment de roses pana-
chées, et il m'a donné ce dahlia pour en
tenir lieu, en m'assurant que personne ne
s'apercevrait de la substitution; mais il n'avait
pas prévu que ce bouquet serait examiné par
un observateur aussi subtil, aussi pénétrant
que Monsieur.

— Merci de ma subtilité et de ma péné-
tration, qui me fait perdre un pari de cent
livres sterling, repartit l'Anglais de mauvaise
humeur.

— Oh! non, non, s'écria l'autre Anglais;
vous ne perdrez pas tout : j'achète à Madame, si elle y consent, ces deux vases de

fleurs, et je vous en fais cadeau, à condition toutefois que Madame m'en fera deux autres exactement pareils pour moi-même. Je donnerai en paiement, pour le tout, le montant de notre pari, c'est-à-dire cent livres sterling, savoir cinquante immédiatement, et les cinquante autres quand les nouveaux vases me seront livrés. Madame, acceptez-vous ces conditions?

— Monsieur, répondit M^{me} Durier, avant de vous répondre, je dois consulter une personne que je vois ici présente; veuillez avoir la complaisance d'attendre quelques minutes. »

L'Anglais fit un signe d'assentiment, et M^{me} Durier, s'avançant vers le groupe des jeunes pensionnaires, s'approcha de M^{lle} Cormier et lui dit à demi-voix : « Vous avez entendu, Mademoiselle, ce que vient de me proposer ce milord? Pensez-vous que votre protégée puisse faire un autre bouquet tout semblable à celui-ci?

— Je le pense, ou plutôt j'en suis convaincue, répondit M^{lle} Cormier; seulement il lui faudra peut-être un mois au moins pour le terminer. Ainsi vous pouvez accepter les propositions de Monsieur, en demandant jusqu'à la fin de juillet pour livrer la nouvelle commande qu'il vous fait.

— C'est très-bien, reprit M^{me} Durier; mais il y a encore autre chose à faire; ceci, du reste, est de la réclame commerciale, et ni vous ni votre protégée vous n'y entendez rien; c'est moi seule que cela regarde : laissez-moi faire. »

M^{me} Durier retourna vers l'Anglais, et lui déclara que ses conditions étaient acceptées, moyennant un certain délai pour la confection du nouveau bouquet; puis elle ajouta que les vases vendus ne lui seraient pas livrés immédiatement, parce qu'il était nécessaire que l'artiste vînt de temps en temps les étudier, afin de faire le second absolument semblable; mais que, pour lui en assurer la possession, elle écrirait sur chacun des deux vases : *Vendu à lord ***, moyennant* 1250 *fr.*

« J'accepte le délai que vous demandez, répondit milord; mais, quant à retarder la livraison des deux vases, cela regarde Monsieur, ajouta-t-il en montrant son adversaire, car c'est à lui et non à moi qu'ils appartiennent. »

Le vaincu consentit d'autant plus volontiers à cet arrangement, qu'il espérait y trouver l'occasion de faire de temps en temps de nouveaux paris qui le dédommageraient de la perte de celui d'aujourd'hui; seulement il mit pour condition que Mᵐᵉ Durier renouvellerait avec soin les fleurs naturelles, et les disposerait toujours de la même manière qu'elles l'étaient aujourd'hui.

« Je m'y engage, répondit-elle; autrement il serait trop facile de distinguer les fausses fleurs des véritables. En effet, celles-ci sont vivantes, mais leur existence est éphémère; elles se flétrissent et meurent au bout d'un ou de deux jours; les autres n'ont que l'apparence de la vie, mais elles conservent longtemps, et souvent pendant des années, tout leur éclat, toute leur fraîcheur primitive. Ainsi on reconnaîtrait facilement les premières en les voyant languir et se faner, tandis que les autres garderaient leur fraîcheur; aussi, dans de pareilles conditions,

un pari comme celui d'aujourd'hui serait tout
à fait impossible. »

Tout fut ainsi réglé ; l'Anglais paya un
à-compte en forme d'arrhes, puis signa un
engagement pour le paiement du surplus,
moyennant l'accomplissement des conditions
stipulées.

Quand tout fut terminé, M^{me} Durier vint
d'un air triomphant retrouver M^{lle} Cormier,
et lui dit en riant : « Eh bien ! j'espère que
vous serez contente de moi ; vous voyez que
j'ai assez bien tiré parti du dépôt que vous
m'avez confié.

— Mon Dieu, Madame, reprit en souriant M^{lle} Cormier, je crains presque que
vous n'en ayez trop bien tiré parti ; pour
moi, si cela me regardait personnellement,
je ne sais pas si en conscience je pourrais
accepter un prix aussi exagéré pour un travail parfaitement réussi sans doute, mais
qui, après tout, n'a pas droit à une pareille
rémunération.

— En voilà un scrupule ! s'écria en riant
M^{me} Durier ; on voit bien que vous avez été
élevée dans un couvent, Mademoiselle, et

vous auriez mieux fait de prendre le voile
que de rester dans le monde. Mais n'allez
pas donner de pareilles idées à votre petite
protégée; elle m'intéresse, cette chère enfant; et puisqu'il se présente pour elle une
occasion de faire une bonne affaire, je veux
qu'elle en profite, et je me charge du péché,
si péché il y a.

— Non, Madame, répondit M<sup>lle</sup> Cormier,
je ne crois pas être scrupuleuse, du moins
dans le sens exagéré de ce mot; cependant
vous devez vous rappeler que quand je vous
ai présenté ce travail, et que je vous ai demandé combien vous l'estimiez, vous m'avez
répondu que pour vous il ne valait que
soixante-dix à quatre-vingts francs au plus;
mais qu'un amateur, s'il s'en rencontrait,
pourrait peut-être doubler la somme. C'est
alors que nous sommes convenues que vous
le présenteriez avec vos produits à l'exposition, parce que là, disiez-vous, nous aurions
plus de chances de rencontrer cet amateur
qui devait en donner cent quarante à cent
cinquante francs. Mais douze cents francs!
cela me paraît exorbitant, tant ce prix est

peu en rapport avec votre propre estimation !

— Mais faites attention, Mademoiselle,
que mon estimation était basée sur les prix
courants du commerce, et que j'ai évalué
ces fleurs en marchande, et non pas en
artiste ni surtout en amateur. Quand j'ai su
qu'il s'agissait de cette pauvre orpheline qui
entretenait par son travail ses parents adoptifs, je vous ai dit qu'il fallait courir la
chance d'obtenir un prix plus élevé de la part
de quelque amateur. Quant à ce dernier
prix, je ne pouvais le fixer que très-impar-
faitement. Je vous ai dit cent quarante à
cent soixante francs, comme j'aurais dit cinq
cents, ou mille, ou même deux mille ; car
qui peut calculer la valeur que prendront
les objets d'art aux yeux de certains ama-
teurs ? Pour eux, ils mettent souvent à ces
choses des prix d'affection, de goût ou de
fantaisie, qui dépassent de deux cents, de
cinq cents, de mille pour cent, la valeur
commerciale de ces mêmes objets. Voyez pour
les tableaux, par exemple ; un article qu'un
marchand n'estime ou ne paie que deux à

trois cents francs, atteindra dans une vente publique deux à trois mille francs. Mais, sans sortir de notre spécialité, croyez-vous que la rose fabriquée par Wendzell pour le comte d'Artois, et destinée à Marie-Antoinette, n'a pas été payée un prix considérable et qui ne peut avoir de rapport avec les prix marchands de ces sortes de productions? Enfin, Mademoiselle, pour mettre votre conscience et celle de votre protégée parfaitement en repos, je vous ferai observer que ce n'est ni vous ni moi qui avons demandé ce prix énorme; c'est l'Anglais qui l'a offert de lui-même, qui l'a jeté en quelque sorte devant nous avec autant de facilité qu'il en avait eu à le gagner. C'eût été véritablement une duperie que de ne pas le ramasser, et s'il y avait eu lieu à avoir des scrupules, ce serait d'avoir refusé une si belle occasion de rendre service à une jeune orpheline aussi intéressante que votre protégée.

— Je me rends, Madame, à des raisons aussi valables, surtout à la dernière, et je reconnais que vous avez bien fait d'accepter les propositions de l'Anglais; mais dans quelle intention avez-vous exigé que les vases restassent exposés avec l'indication du prix de vente et du nom de la personne qui les a achetés?

— Eh! mon Dieu! c'est tout simplement pour constater un fait dont chacun pourra vérifier l'exactitude. Vous comprenez que le pari de lord *** fera un certain bruit dans la haute société; peut-être même en sera-t-il question dans les journaux; je ne tarderai pas à voir accourir devant mes vitrines une foule de messieurs et de dames appartenant à ce qu'il y a de plus distingué en Angleterre et en France. On m'interrogera, on me demandera des explications; alors je ferai connaître le nom et la position de la jeune artiste créatrice de ces jolis bouquets; on voudra en acheter, on fera des commandes, et voilà que notre orpheline se trouvera en passe de faire de beaux bénéfices, et même, qui sait? de s'établir d'une manière avantageuse.

— Merci, Madame, pour la pauvre enfant; ce que vous faites pour elle vous honore, et les espérances que vous concevez, quand même elles ne se réaliseraient pas, témoignent de la bonté de votre cœur et de votre désintéressement.

— Il y a bien un peu de bon cœur de ma part, comme vous le dites, Mademoiselle, mais il n'y a pas autant de désintéressement que vous voulez bien le supposer. D'abord vous savez que je me suis réservé un droit de commission sur le prix des objets dont je procurerai la vente; je suis donc intéressée à ce que votre protégée fabrique beaucoup, afin que je vende beaucoup de ses articles. Et puis, ce n'est pas tout : comme elle n'a pas d'autre dépôt que ma maison, cela fait connaître mon établissement, étend ma réputation, et peut faire augmenter d'une manière notable le chiffre de mes affaires.

— Allons, Madame, je ne veux pas discuter avec vous sur les motifs qui vous font agir dans cette affaire. Que, tout en faisant le bien, vous ne négligiez pas vos propres intérêts, il n'y a là rien que de légitime, et personne ne saurait y trouver à redire. Je souhaite de tout mon cœur que vous réussissiez dans vos projets sur notre pauvre orpheline, et que cette bonne œuvre attire sur votre maison la bénédiction du. Ciel.

— Amen, Mademoiselle; mais n'oubliez pas de prévenir votre protégée le plus tôt possible de ce qui vient de se passer, afin qu'elle se mette en mesure.

— Je ne l'oublierai pas; voici l'heure à laquelle nous devons rentrer, et aussitôt que je serai de retour à la pension, j'écrirai à la petite. » Et, en disant ces mots, elle salua M^{me} Durier; puis se tournant vers ses élèves, elle leur dit : « Allons, Mesdemoiselles, il est temps de songer au départ; mais auparavant je vous demanderai si vous avez été satisfaites du chef-d'œuvre que je vous avais annoncé.

— Oh ! oui, Mademoiselle, c'est vraiment admirable ! — Et le pari des Anglais, ajoutait une autre, nous a beaucoup amusées. — Mais vous ne nous aviez pas dit, reprit Anaïs, que vous connaissiez la fleuriste, ou plutôt l'artiste qui a fait ce bouquet. Est-ce une de vos anciennes élèves ?

— Est-ce vous qui lui avez appris à faire les fleurs ? demanda une autre.

— Non, Mesdemoiselles, elle n'a pas été mon élève, et ce n'est pas moi qui lui ai enseigné l'art du fleuriste. Vous connaissez ce que je sais faire dans ce genre ; tout ce que je sais je l'ai appris de M^{me} Durier, qui a bien voulu autrefois me donner des leçons et des conseils ; je serais donc incapable de former une élève aussi distinguée.

— Et qui donc lui a donné des leçons ? demanda Anaïs.

— Elle n'en a reçu de personne ; c'est elle-même qui a été sa propre institutrice, ou plutôt c'est Dieu qui lui a donné cette aptitude extraordinaire, qui s'est développée naturellement en elle. Quant à ses modèles, elle n'en a jamais eu d'autres que ceux que lui fournissaient avec profusion les prés, les champs, les jardins.

— Ce doit être une histoire bien inté-ressante : pourquoi ne nous l'avez-vous jamais racontée ?

— Parce qu'auparavant je voulais vous faire voir un échantillon du travail de cette jeune fille ; j'étais persuadée que vous l'ap-précieriez, que l'intérêt qu'il vous inspirerait se reporterait en partie sur son auteur, et qu'alors vous écouteriez avec beaucoup plus d'attention son histoire.

— Eh bien, maintenant, Mademoiselle, que nous avons pu juger ce beau travail, quand nous raconterez-vous cette histoire ?

— Tout de suite ! tout de suite ! demandaient les plus impatientes.

— Nous n'avons pas le temps en ce moment-ci, répondit M<sup>lle</sup> Cormier ; il est l'heure de rentrer ; mais je vous ferai ce récit à la récréation de ce soir, dans le jardin. »

# CHAPITRE III

Où commence seulement l'histoire de la petite Lucille.

Le souper était à peine terminé, à peine était-on descendu dans le jardin, que les jeunes pensionnaires dont nous avons parlé dans les chapitres précédents, entourèrent M<sup>lle</sup> Cormier pour lui rappeler sa promesse. La sous-maîtresse ne se fit pas prier. Elle alla s'asseoir sur un banc circulaire de gazon, où trouvèrent place non-seulement celles qui avaient visité ce jour-là le palais de l'Industrie, mais encore une vingtaine de leurs camarades de la division des grandes à qui elles avaient raconté les incidents de leur visite à l'exposition, et qui n'étaient pas moins impatientes que les premières d'entendre le récit de M<sup>lle</sup> Cormier. Dès que chacune fut placée, ce qui ne se fit pas sans un peu de tumulte, un silence religieux s'établit, et M<sup>lle</sup> Cormier commença ainsi :

« Plusieurs d'entre vous, Mesdemoiselles, doivent se rappeler qu'il y a trois ans, au mois de mars 1852, je tombai malade, et qu'après mon rétablissement j'allai passer ma convalescence à la campagne. J'avais choisi pour cette résidence momentanée l'habitation d'une de mes amies d'enfance, M<sup>me</sup> de Souval, une ancienne camarade du couvent où j'ai été élevée. Mariée et fixée depuis longtemps en Touraine, elle me sollicitait chaque année d'aller la voir pendant les grandes vacances ; mais des devoirs de famille m'appelaient pendant les vacances de septembre dans une direction tout opposée, et le reste de l'année mes occupations ne me permettaient pas de répondre à ses invitations réitérées. Ma convalescence correspondant précisément à une époque de l'année où j'étais entièrement libre, j'en profitai pour aller voir mon amie. Je ne vous peindrai pas l'accueil que j'en reçus; cela est étranger à mon sujet; d'ailleurs vous pouvez facilement vous figurer le bonheur qu'éprouvent deux amies qui se revoient après de longues années de séparation. Je ne vous décrirai pas non plus l'habitation de M<sup>me</sup> de Souval ni le charmant pays où elle est située; je n'aime pas beaucoup les descriptions, et ici ce serait un hors-d'œuvre déplacé; du reste, vous connaissez toutes, au moins de réputation, la Touraine, sur-nommée à juste titre le jardin de la France; eh bien, il me suffira de vous dire que le village où est situé le petit château habité par mon amie est une des plus jolies bour-gades de ce beau pays.

« Ma santé ne tarda pas à se rétablir à vue d'œil au milieu de ces campagnes où l'on respire un air si pur, où la vie semble si douce et si facile. Je me levais chaque jour de bon matin; j'allais faire seule, à pied,

3*

une promenade dans la prairie, ou bien
entendre la messe à l'église paroissiale ; et,
quand je rentrais à l'heure du déjeuner,
j'avais un appétit dont j'étais presque hon-
teuse, et qui réjouissait beaucoup mes hôtes.

« Un jour, dans une de ces excursions
matinales, je rencontrai une jeune fille, de
treize à quatorze ans, qui tenait à la main
un énorme bouquet de fleurs des champs.
Sans être ce qu'on peut appeler ni belle ni
même jolie, cette enfant avait dans la physionomie quelque chose de sympathique qui
excitait l'intérêt. Ses yeux surtout avaient
une expression de douceur et d'intelligence
remarquables. Sa mise simple, mais très-
propre, était celle des ouvrières de la campagne qui s'occupent de couture, de lin-
gerie, de blanchissage, mais non pas des
travaux des champs. Ses mains blanches et
soigneusement lavées indiquaient assez du
reste qu'elle ne s'occupait que de travaux
intérieurs.

« En passant auprès de moi, elle me fit
une profonde révérence, et je m'empressai
de lui rendre son salut en disant : « Bon-

jour, mon enfant ! » Puis j'ajoutai aussitôt :
« Mon Dieu ! quel magnifique bouquet vous
avez là ! et que voulez-vous faire de toutes
ces fleurs ?

« — Madame, c'est pour orner l'autel de
la sainte Vierge.

« — Ah ! très - bien ! C'est donc vous qui
êtes chargée de cette besogne ? En ce cas je
vous en fais mon compliment, car j'ai remarqué déjà que cet autel était orné avec
beaucoup de goût.

« — Oh ! Madame, je ne suis pas seule ;
sœur Euphrasie m'aide bien souvent, et
quelquefois aussi une ou deux de mes camarades.

« — Vous ne pouvez mieux faire, mes
enfants, lui dis-je, que de consacrer quelques-uns de vos instants au culte de la très-
sainte Vierge. Quand on aime à orner ses
autels, on est disposé à l'aimer, à la prier,
à l'imiter, et elle - même écoute avec plus
de bienveillance ses servantes assidues que
celles qui négligent de l'honorer. Aussi,
mon enfant, je suis sûre que la sainte Vierge
exaucera vos prières, et dans cette confiance

je vous prie de vouloir bien lui dire, pendant que vous décorerez son autel, un *Ave Maria* pour moi; et, pour que vous n'oubliiez pas ma recommandation, veuillez accepter cette médaille bénite en souvenir de moi. » En disant ces mots, je lui présentai une petite médaille d'argent de Notre-Dame-des-Victoires. Elle l'accepta en rougissant, me promit qu'elle prierait pour moi; et nous nous séparâmes, elle se dirigeant vers le village, et moi regagnant la Souvalière, nom que M. de Souval avait donné à son habitation, moitié maison de campagne, moitié exploitation rurale.

« A déjeuner, je parlai de la rencontre que j'avais faite. « Ah ! c'est la petite Lucille, s'écria M^me de Souval; c'est le phénix de notre pays, et je ne sais pas comment j'ai fait pour ne pas encore t'en avoir parlé. Quand elle te dit qu'elle est aidée par quelqu'un pour orner la chapelle de la sainte Vierge, c'est pure modestie de sa part; oui, elle est aidée à peu près comme l'organiste l'est par le souffleur, comme un peintre habile l'est par un marchand de couleurs.

« — Explique-toi, dis-je en interrompant Mᵐᵉ de Souval; j'ai vu effectivement la chapelle et l'autel de la Vierge, qui m'ont paru ornés avec beaucoup de goût; mais enfin je n'y ai rien remarqué d'extraordinaire et qui justifie les comparaisons dont tu viens de te servir.

« — Eh bien, retournes-y; examine avec plus d'attention et de plus près que tu ne l'as fait; tu découvriras bientôt quelque chose qui te surprendra, et c'est alors que je te donnerai les explications que tu me demandes.

« — Ce que tu me dis là m'intrigue, repris-je; eh bien, je veux en avoir le cœur net, et, aussitôt après le déjeuner, je veux retourner visiter la chapelle de la Vierge.

« — Je t'accompagnerai, dit Mᵐᵉ de Souval, afin de pouvoir immédiatement te donner le mot de l'énigme, que sans cela tu ne devinerais probablement pas. »

« Dès que Mᵐᵉ de Souval fut libre, nous nous rendîmes à l'église. A cette heure-là, il n'y avait personne, et je pus tout à mon aise me livrer à l'examen de la décoration florale

de la chapelle de la Vierge. Il y avait profusion de fleurs, mais non pas confusion, car
tout était disposé avec ordre et avec un goût
parfait ; seulement je remarquai que le nombre de guirlandes, de vases, de couronnes,
était beaucoup plus considérable qu'à l'ordinaire, et j'en fis l'observation à M<sup>me</sup> de
Souval.

« Tu as donc oublié, me répondit-elle, que
nous sommes aujourd'hui au 30 avril, et que
c'est demain ou plutôt ce soir même que com-
mencent les exercices du mois de Marie?

« — Ah! c'est juste, répliquai-je ; je n'y
avais pas songé, ou, pour mieux dire, je ne
croyais pas que dans vos campagnes ce pieux
exercice fût en usage.

« — Eh bien, tu étais dans l'erreur, et
tu pourras te convaincre que le mois de
Marie est célébré ici, sinon avec autant de
pompe, du moins avec autant et même plus
de ferveur que dans vos belles églises de
Paris.

« — Je n'en doute pas, rien qu'à en juger
par ces préparatifs ; mais ce qui m'étonne,
c'est que si le soin de cette décoration est

confié seulement, comme tu me l'as dit, à
cette jeune enfant que j'ai rencontrée ce matin, elle puisse suffire à cette besogne, qui
doit se renouveler, pour ainsi dire, chaque
jour.

« — Cependant elle y suffit ; mais examine
de près ces fleurs, et tu comprendras peut-
être comment elle peut y parvenir. »

« Je m'approchai davantage ; je pris même
à la main quatre vases de roses blanches
placés sur les premiers gradins de l'autel, et
je m'aperçus avec surprise que deux étaient
garnis de fleurs naturelles, et les deux autres
de fleurs artificielles. Cette découverte me
mit sur la voie ; j'examinai de même les autres fleurs qui étaient à ma portée, et je
reconnus bientôt que les fleurs artificielles
dominaient. Toutes les guirlandes en étaient
formées, et la belle couronne suspendue sur
la tête de la Vierge devait aussi être un ouvrage de l'art ; car elle était composée de
boutons et de fleurs d'oranger, qui n'étaient
pas encore éclos à cette époque de la saison
dans ce pays.

« Cet examen terminé, je dis à M^{me} de Souval : « Oh ! maintenant je comprends parfaitement l'explication de ce qui m'avait paru d'abord si difficile. La partie principale de la décoration, ce que j'en appellerai le fond, est formé de fleurs artificielles qui, une fois mises en place, ne sont plus dérangées ; quant au reste, il se compose de fleurs naturelles qu'on a soin d'assortir et de mettre en rapport avec les fleurs artificielles ; ceci est une affaire fort simple, qui demande un peu d'attention et de soin dans le choix des fleurs, mais qui n'exige pas autant de travail que s'il avait fallu renouveler la décoration en entier chaque jour ou à peu près.

« — Ce que tu dis là, me répondit M^{me} de Souval, est parfaitement juste ; mais comment as-tu trouvé les fleurs artificielles ?

« — Elles m'ont paru très-bien faites, au point qu'au premier moment elles m'ont fait illusion ; mais cela n'a rien d'étonnant, et j'en ai vu souvent à Paris d'une exécution encore plus parfaite.

« — A Paris, je ne dis pas ; mais dans un simple village comme celui-ci, en as-tu vu souvent de semblables ?

« — Quoi ! veux-tu dire que ces fleurs ont été confectionnées dans ce village? Dans ce cas, je reconnais que vous possédez d'habiles fleuristes.

« — Eh bien, oui, ces fleurs ont été fabriquées ici, non par *des* fleuristes, mais par une seule, et c'est cette petite fée que tu as rencontrée ce matin.

« — Comment ! m'écriai-je, c'est cette enfant qui a fait ce beau travail ! Mais qui donc lui a donné des leçons de cet art? »

« Vous le voyez, Mesdemoiselles, j'adressais à mon amie la même question que me faisait tantôt Anaïs; et elle me répondit ce que je vous ai répondu moi-même, que cette petite n'avait jamais eu de maîtres, et qu'elle avait appris seule et d'elle-même à peu près tout ce qu'elle savait. De plus en plus étonnée, je retournai faire un nouvel examen du travail de la *petite fée*, comme l'appelait M^{me} de Souval. Je reconnus bientôt qu'elle employait avec beaucoup d'intelligence et d'adresse les divers tissus dont se servent les fleuristes de profession, tels que la batiste, la gaze de coton, la mousseline, le linon, la percale, etc. Je remarquai en outre un certain nombre de fleurs confectionnées en papier serpente, et coloriées au pinceau de manière à en rendre l'imitation parfaite ; mais il était facile aussi de reconnaître qu'elle devait dépenser beaucoup de temps à son travail, faute sans doute de connaître les moyens et de posséder les principaux outils nécessaires pour abréger ce travail et le rendre plus régulier. Ainsi il était aisé de voir que ses pétales n'étaient pas découpés à l'emporte-pièce, et qu'elle devait les façonner elle-même avec des ciseaux, procédé beaucoup plus long et d'une grande difficulté ; on pouvait en dire autant de ses feuilles, dont les nervures n'étaient tracées qu'à l'aide de la pince, ce qui les rendait moins accentuées que si elles l'eussent été par le gaufroir, dont elle ne connaissait peut-être pas l'usage. Mais ces légères imperfections ne servaient que mieux à faire ressortir tout ce que la pauvre enfant avait dû dépenser de courage, de patience, de force de volonté et de persévérance pour surmonter des obstacles qui eussent rebuté mille

et mille autres à sa place, et arriver à un
degré de perfection aussi étonnant que celui
qu'elle avait atteint. Ces réflexions, que je
fis instantanément, me donnèrent une haute
idée des qualités remarquables que devait
posséder cette jeune fille, et m'inspirèrent
en même temps un vif désir de la connaître
et de nouer quelques relations avec elle.
Mᵐᵉ de Souval, à qui je communiquai mes
pensées et mon désir, s'empressa de m'offrir
de me conduire chez la jeune artiste, en me
disant qu'une plus ample connaissance avec
elle me donnerait encore une bien meilleure
opinion de cette enfant que celle que je m'en
étais déjà formée.

« En quelques minutes nous fûmes rendues
à la maison habitée par notre jeune artiste.
« Bonjour, père Michaud, dit en entrant
Mᵐᵉ de Souval à un vieillard assis dans un
fauteuil, où il paraissait retenu par quelque
infirmité; comment allez-vous aujourd'hui,
mon brave homme? — Toujours de même,
ma bonne dame, toujours impotent comme
à l'ordinaire. — Et la mère Michaud, votre
femme, jouit toujours d'une bonne santé?

— Dieu merci, il y a bien assez de moi pour être malade dans la maison; que deviendrions-nous si elle tombait malade elle-même? — Allons, il faut espérer que ce malheur n'arrivera pas; dans tous les cas, si le bon Dieu vous envoyait encore cette épreuve, vous auriez toujours Lucille, qui pourrait vous donner des soins. — Ah! Madame, que le Ciel nous préserve d'un pareil malheur! car je connais le cœur de la pauvre enfant, elle se tuerait pour nous soigner; déjà même à présent, si on la laissait faire, elle voudrait se charger toute seule de me soigner, pour en épargner la peine à ma femme; jugez de ce que ce serait si elle nous avait tous deux sur les bras! — Cela prouve, en effet, en faveur de son bon cœur; mais aussi, père Michaud, il faut dire qu'elle serait bien ingrate si, après tout ce que vous avez fait pour elle, après l'avoir recueillie chez vous et traitée comme votre enfant, quand tous ses parents l'avaient abandonnée, elle ne vous témoignait pas la plus vive reconnaissance. — Ah! Madame, la chère enfant ne nous doit rien; c'est nous plutôt qui lui

sommes redevables, car la bénédiction du
bon Dieu est entrée avec elle dans notre maison. Le fait est que nous avions toujours été
très-gênés avant de prendre Lucille avec
nous, au point qu'en travaillant dur tous les
deux, ma femme et moi, nous avions beaucoup de peine à joindre les deux bouts ; eh
bien, je ne sais pas comment cela s'est fait,
depuis que nous nous sommes chargés de
cette enfant, nous avons mieux réussi, les
années ont été meilleures, et puis, je ne
rougis pas de le dire, bien des honnêtes gens
nous sont venus en aide. » En disant ces
mots, le père Michaud regardait M^{me} de Souval comme s'il allait prononcer son nom ;
mais si, selon son expression, il ne rougis-
sait pas de le dire, elle eût rougi de l'entendre, et un signe imperceptible imposa sur
ce point silence au vieillard, qui continua
ainsi : « Dès lors nous n'avons plus ressenti
la misère, et depuis cinq mois que le rhu-
matisme m'a rendu incapable de me livrer à
aucun travail, rien ne nous a jamais man-
qué.

« — Vous avez raison, père Michaud, d'at-

tribuer la bénédiction de Dieu à la bonne
action que vous avez faite; d'autant plus
que vous étiez bien loin de soupçonner alors
qu'il pourrait en résulter quelque avantage
pour vous, et que chacun vous détournerait
de cet acte de charité, comme trop onéreux
dans votre position. Maintenant, mon brave
homme, parlons d'autre chose. Voici une
dame de mes amies qui désire faire la connaissance de votre petite Lucille; est-elle en
ce moment dans sa chambre?

« — Oui, Madame, et vous m'excuserez
de ne pouvoir vous y conduire; mais tout à
l'heure Marguerite, notre femme, va rentrer,
et elle ira chercher la petite, ou vous con-
duira dans sa chambre.

« — C'est inutile, mon bon père Michaud,
ce n'est pas la première fois que je viens faire
visite à Lucille, et c'est moi qui me charge de
lui présenter mon amie. »

« Aussitôt M^me de Souval me fit signe, et
nous nous dirigeâmes vers un petit escalier
assez obscur, qui conduisait à la chambre,
ou, si l'on veut, à l'atelier de Lucille.

« Ce n'était pas sans raison que M^me de

Souval avait provoqué devant moi la conversation qu'elle venait d'avoir avec le père
Michaud. Comme elle avait voulu me rendre
juge du talent de Lucille en me faisant examiner à la chapelle quelques échantillons de
son travail, de même elle avait voulu me
faire connaître, par la bouche de ce vieillard
infirme, et les qualités de son cœur et sa
position sociale. C'était un motif de plus de
m'intéresser à elle.

« Quand nous entrâmes dans sa chambre,
qui, comme je l'ai dit, lui servait d'atelier,
elle était occupée, avec une jeune fille de son
âge, à trier une immense quantité de fleurs
amoncelées sur la table. En nous apercevant,
elle se leva précipitamment et vint à notre
rencontre en rougissant. M\ᵐᵉ de Souval la
baisa sur le front, en lui disant :

« — Bonjour, ma petite Lucille, voici une
dame de mes intimes amies, qui désire faire
ta connaissance ; mais elle est déjà à moitié
faite, je crois, car vous vous êtes rencontrées
ce matin.

« — Oui, repris-je, nous nous sommes
rencontrées, et même j'ai chargé Mademoi-

selle d'une commission, et je désirerais savoir si elle s'en est acquittée.

« — Oui, Madame, répondit-elle en baissant les yeux, et même j'ai récité un chapelet tout entier à l'intention de la personne qui m'a fait cadeau de cette jolie médaille. Et elle montrait en même temps, suspendue à son cou, la médaille que je lui avais donnée le matin.

« — En ce cas, repris-je, c'est moi maintenant qui suis votre obligée ; je tâcherai de m'acquitter quand nous aurons fait plus ample connaissance. Je suis toute disposée à vous porter le même intérêt que vous porte Mᵐᵉ de Souval, mon amie, et j'espère que vous y répondrez par la même confiance et la même affection.

« — Ma chère enfant, dit alors Mᵐᵉ de Souval, pour répondre à l'intérêt que vous porte mon amie, veuillez lui faire voir quelques échantillons de vos travaux. Elle sait que vous montrez d'heureuses dispositions pour la confection des fleurs artificielles ; elle est venue dans l'intention de vous donner des encouragements, et peut-être aussi des conseils dont vous pourrez faire votre profit. »

« Alors, sans montrer une fausse honte ni un empressement trop marqué, mais avec une charmante modestie, elle étala devant moi toute la collection de ses fleurs terminées ou en cours d'exécution. J'examinai tout avec la plus scrupuleuse attention, louant sans réserve ce qui était bien, lui faisant des observations sur ce qui était plus ou moins imparfait, et lui indiquant les moyens de le perfectionner. Malheureusement la plupart des imperfections que j'avais signalées provenaient du manque d'outillage convenable; la pauvre enfant n'avait en fait d'outils essentiels que des ciseaux de différentes dimensions et deux paires de *brucelles* ou *pinces*, dont M^{me} de Souval lui avait fait cadeau; j'ajouterai encore un châssis à apprêter, qui n'était autre chose qu'un ancien métier à broder, donné par une autre dame du voisinage. Mais elle n'avait ni *gaufroirs*, ni *mandrins à gaufrer*, ni presses, instruments tout à fait indispensables aux fleuristes artificiels.

« Malgré ce défaut d'outillage, elle réus-

sissait admirablement dans l'apprêt des papiers et des tissus dont elle se servait; car
elle ne pouvait se procurer facilement ces
objets tout préparés, qui ne se trouvent guère
que dans les grandes villes. Quant aux couleurs, elle avait appris dans un livre qu'on
lui avait prêté (le *Manuel du fleuriste*, je
crois, l'emploi du carmin, de l'indigo, du
safran, de l'encre de Chine, pour la compo-
sition du rouge, du bleu, du jaune, du noir,
et la manière d'obtenir les autres couleurs
par le mélange des trois premières. Dans cette
partie, l'une des plus difficiles de l'art du
fleuriste, elle avait admirablement réussi,
grâce à son intelligence et à son goût.

« Pour la confection des tiges, il y avait
encore beaucoup à dire; elle employait tantôt
des baguettes menues et flexibles d'osier, et
même tantôt du jonc; je lui fis comprendre
combien ces matières étaient fragiles et dé-
nuées de consistance et de solidité; qu'il valait mieux employer le fil de fer et le laiton,
dont on a reconnu l'avantage et qui maintenant servent seuls à cet usage. Elle me
répondit qu'elle le comprenait parfaitement,

mais que la difficulté de s'en procurer de convenable était pour elle la même que de se procurer des tissus et des papiers apprêtés. Enfin je lui fis observer qu'en cotonnant ses tiges, elle n'avait pas le soin d'augmenter les couches de coton de distance en distance, de manière à produire des renflements, pour figurer les aisselles des feuilles, ou les boutons, les nœuds, les bourgeons dont ces tiges doivent être garnies.

« Elle écouta mes observations avec une attention soutenue ; quand elle ne les comprenait pas, elle me demandait des explications, que je m'empressais de lui donner. Enfin, après une visite d'une heure au moins, nous nous retirâmes. En nous reconduisant, elle me remercia avec expression des conseils et des leçons que je lui avais donnés, et elle remercia M^{me} de Souval d'avoir bien voulu lui procurer une connaissance aussi utile que la mienne.

« Avant de continuer à vous parler des relations que j'ai eues depuis cette première entrevue avec Lucille Vuillemot, car c'était ainsi qu'elle s'appelait, il est nécessaire que

je vous donne quelques détails sur sa vie an-
térieurement à l'époque où j'ai fait sa con—
naissance. »

# CHAPITRE IV

Comment la petite Lucille devient fleuriste.

« Lucille Vuillemot appartenait à une honorable famille d'Orléans que des malheurs successifs avaient entièrement ruinée. Quelque temps avant la dernière catastrophe qui frappa cette famille, M^{me} Vuillemot, jeune femme de vingt-huit ans, d'une constitution frêle et maladive, était venue passer le printemps avec sa fille, alors âgée de quatre à cinq ans, dans le village où je retrouvais cette dernière aujourd'hui. Les médecins lui avaient recommandé le séjour de la campagne pendant la belle saison, comme favorable à sa santé et surtout à celle de son enfant, frêle et délicate créature, qui avait besoin de respirer l'air pur des champs pour se fortifier. M^me Vuillemot avait loué une chambre dans l'unique auberge du village ; elle s'y était installée avec son enfant, et chaque matin elle allait, avec sa petite Lucille, boire une bonne tasse de lait tout chaud chez la mère Marguerite Michaud, dont le lait passait à juste titre pour être d'excellente qualité. C'était aussi la mère Michaud qui fournissait les œufs frais dont se composait chaque matin le déjeuner de la mère et de l'enfant ; de là lui était venu le nom de mère nourrice que la petite Lucille lui donna à cette époque, et qu'elle a continué de lui donner jusqu'à présent.

« Il y avait cinq à six semaines au plus que M^me Vuillemot habitait la campagne, quand elle apprit coup sur coup les nouvelles les plus sinistres. Déjà, quand elle avait quitté la ville, elle avait eu le pressentiment de quelques fâcheux événements; mais, si tristes qu'elle se les eût figurés, la réalité vint encore dépasser les rêves de son imagination. Des faillites énormes, des pertes considérables et coup sur coup répétées, avaient entièrement ruiné son mari, et, pour comble de malheur, lui-même, frappé de tant de coups accablants, était mort subitement, les uns disaient d'une apoplexie foudroyante, d'autres prétendaient qu'il s'était suicidé. Ce fait n'a jamais été bien éclairci; cependant ce qui pourrait donner quelque créance à cette dernière supposition, c'est que M^{me} Vuillemot reçut de son mari même une lettre qui lui annonçait la perte de sa fortune et probablement sa résolution de ne pas y survivre; mais cette lettre aura sans doute été anéantie par la pauvre femme, pour ne pas laisser à son enfant la triste preuve de la fin déplorable de son père.

« Malheureusement la santé de M^{me} Vuillemot était trop faible pour résister à de pareilles commotions. Elle tomba malade d'une fièvre typhoïde, compliquée bientôt d'une fièvre cérébrale, qui, en quelques jours, la

mit au tombeau. Dès les premiers moments
de sa maladie, une sorte de paralysie s'était
emparée de son intelligence; elle ne paraissait rien comprendre à ce qui se passait ni en
elle ni autour d'elle; la présence même de
son enfant, qu'elle aimait avec tant de passion, n'excitait en elle ni joie, ni attendris-
sement, ni crainte de ce qu'elle deviendrait à
l'avenir. Oh! si elle eût joui de la plénitude
de sa raison, si elle eût compris dans quelle
situation allait se trouver son enfant, les an-
goisses les plus cruelles eussent accompagné
les derniers instants de sa vie; mais la Providence, qui avait ses vues sur cette enfant,
voulut sans doute épargner à la mère les douleurs morales de l'agonie, en lui ôtant, avec
la connaissance de son état, les craintes que
lui aurait naturellement inspirées l'avenir de
sa fille chérie.

« La pauvre enfant, doublement orpheline, était trop jeune elle-même pour comprendre l'abandon dans lequel elle se trouvait
par la mort de ses parents et la perte de sa
fortune. Le peu d'argent qu'avait laissé sa
mère, joint à celui que produisit la vente de

ses effets, suffit à peine pour payer les frais
de sa dernière maladie, de son inhumation et
le montant du dernier mémoire réclamé par
l'hôtesse. Personne, dans le village, ne connaissait M<sup>me</sup> Vuillemot; personne n'accom-
pagna son convoi à l'église et au cimetière,
excepté la mère Michaud, qui témoigna un
vif regret de sa mort.

« En revenant de l'enterrement, la bonne
Marguerite alla à l'auberge s'informer de
ce que l'on comptait faire de l'enfant de la
pauvre défunte. « Et que voulez-vous que
j'en fasse? dit l'hôtesse d'un ton bourru; je
n'ai pas le moyen de la garder; j'ai mes enfants à nourrir et à habiller, et je ne peux
pas me charger de ceux des autres. J'ai
parlé à M. le maire et à M. le curé pour
qu'ils m'en débarrassent; ils m'ont dit qu'ils
allaient écrire à Orléans pour tâcher de la
placer aux orphelines de la Providence, et
en attendant ils m'ont dit de la garder.
M. le curé s'est engagé à me payer sa pension jusqu'à ce qu'on ait trouvé à la placer.

« — Bah! madame Colin, répondit Marguerite, la nourriture d'un enfant de cet

4*

âge est peu de chose, et vous auriez bien pu vous en charger sans qu'elle fût un surcroît de dépense pour vous.

« — Vous en parlez à votre aise, mère Michaud, répliqua l'hôtesse ; eh bien, si vous croyez qu'un enfant de plus dans une maison n'occasionne pas un surcroît de dépense, chargez-vous-en vous-même ; je vous la cèderai volontiers, ainsi que la rétribution que doit me donner M. le curé.

« — Je vous prendrais au mot, madame Colin, si auparavant je ne devais pas consulter mon mari ; mais s'il y consentait, comme je l'espère, quoique nous soyons bien pauvres, je ne voudrais accepter de rétribution ni de M. le curé, ni de personne.

« — Cela vous regarde, mère Michaud, chacun fait ses affaires comme il l'entend. »

« Ici la conversation des deux femmes fut interrompue par l'arrivée de Lucille, qui, en apercevant la mère Michaud, courut tout en pleurs se jeter dans ses bras, en lui disant : « Bonjour, bonne mère nourrice. — Bonjour, mon enfant, » répondit la mère

Marguerite en l'embrassant et en couvrant son visage de ses larmes.

« Après quelques instants de silence, la mère Marguerite, qui avait pris l'enfant sur ses genoux, lui dit : « Voudrais-tu venir demeurer avec moi? Tu mangerais de bon lait et de bons œufs bien frais tant que tu en voudrais.

« — Est-ce que maman n'y viendrait pas aussi? M^{me} Colin m'a dit qu'elle était allée bien loin, bien loin, et que je ne la reverrais plus jamais..., jamais... Est-ce bien vrai cela? ajouta-t-elle en sanglotant.

« — Mon enfant, tu la reverras un jour, si tu es bien sage. Ta mère est allée au ciel; elle est auprès du bon Dieu et de la sainte Vierge, qu'elle prie pour toi; et si de ton côté tu aimes bien le bon Dieu et la bonne Vierge Marie, si tu les pries matin et soir, tu iras rejoindre ta mère auprès d'eux quand le temps sera venu.

« — Est-ce que c'est la prière que maman m'a apprise qu'il faut dire : *Notre Père*, *Je vous salue*, *Marie*, et *Je crois en Dieu?* je n'en sais pas d'autres.

« — C'est assez pour ton âge, mon enfant; quand tu seras plus grande, tu en apprendras d'autres.

« — Hélas! depuis que maman est malade et qu'elle est toujours restée au lit, elle ne m'a plus fait réciter mes prières, et je crains de les avoir oubliées; si j'allais demeurer avec vous, me les rapprendriez-vous bien?

« — Oh! oui, mon enfant, et j'aurais grand soin de te les faire réciter matin et soir. Eh bien, veux-tu venir tout de suite? je vais t'emmener avec moi.

« — Mais M^me Colin le voudra-t-elle?

« — Je m'en charge, » répondit la mère Michaud; et, prenant l'enfant par la main, elle alla trouver M^me Colin, qui avait quitté la chambre où était Marguerite au moment où la petite Lucille y était entrée, et était retournée à la cuisine. « J'emmène l'enfant, lui dit-elle en passant; il est possible que je ne vous la ramène pas; dans tous les cas n'en soyez pas en peine. — Oh! c'est bien là le cadet de mes soucis, répondit l'auber-

giste; seulement, si vous la gardez, préve-
nez-en M. le maire et M. le curé.

« — Je n'y manquerai pas.

« — En ce cas, bonsoir, mère Michaud,
et bonne chance ! »

« En rentrant chez elle, Marguerite présenta l'enfant à son mari en lui disant :
« Pierre, nous avons bien souvent autrefois
désiré avoir un enfant : eh bien, en voilà
un que le bon Dieu nous envoie sur nos
vieux jours et quand nous n'avions plus l'espoir d'en avoir; l'acceptes-tu ?

« — Eh ! mon Dieu, fit Pierre, c'est la
petite Lucille, c'est la fille de cette pauvre
dame qui vient de mourir ! Mais y penses-tu,
Marguerite? c'est la fille de gens riches, de
bons bourgeois; elle a sans doute des parents qui la réclameront, et ne la laisseront
pas entre les mains de pauvres paysans comme
nous.

« — Si elle est réclamée par des parents qui auront ce droit, nous la rendrons,
voilà tout; mais, en attendant, elle est en
quelque sorte abandonnée. » Alors elle lui

raconta son entrevue avec l'aubergiste et ce qu'elle en avait appris.

« — En ce cas tu as bien fait, dit le père Michaud, de te charger de l'enfant, et je vais de ce pas prévenir M. le maire et M. le curé que nous la garderons chez nous jusqu'à ce qu'elle soit réclamée par sa famille. »

« M. le maire loua le père Michaud de sa détermination, tout en lui faisant observer qu'il était peut-être imprudent de sa part, avec un aussi minime avoir que celui qu'il possédait, de prendre une charge qui pourrait un jour devenir un fardeau trop lourd à porter pour ses forces. M. le curé, lui, remercia chaleureusement son paroissien de l'œuvre de charité qu'il venait d'entreprendre, l'encouragea à persévérer, lui assurant qu'il attirerait sur sa famille les bénédictions du Ciel.

« C'est ainsi que Lucille Vuillemot fut installée provisoirement d'abord, et on peut bien dire définitivement ensuite, chez les époux Michaud; car il y a dix ans que cela se passait, et personne de la famille n'est venu réclamer l'enfant, quoiqu'elle ait de proches parents qui sont fort riches et qui n'ignorent pas sa position chez de simples paysans.

« Du reste, il eût été difficile à ses parents dont je parle de donner à Lucille une meilleure éducation que celle qu'elle a reçue de ses parents adoptifs. Sans doute son intruction eût été plus brillante; on en eût fait peut-être une excellente musicienne; peut-être aussi, en dirigeant sur un autre point ce goût artistique qui semble inné chez elle, eût-on réussi à en faire un peintre habile, capable d'exposer au salon un tableau au lieu d'un simple vase de fleurs; mais je doute qu'on eût développé, comme on l'a fait au village, ce sentiment religieux, cette foi vive, cet amour de Dieu qui pénètre son cœur, élève son âme et se reflète dans ses regards, dans son attitude et dans ses gestes.

« Ses parents adoptifs, hâtons-nous de le dire, n'eussent pas suffi à cette tâche; mais ils furent puissamment secondés par les sœurs de la Présentation de Notre-Dame, qui sont chargées, dans cette paroisse, de

faire la classe aux jeunes filles. Les bonnes
sœurs ne tardèrent pas à remarquer les heureuses dispositions de Lucille, et elles les
secondèrent de leur mieux. Sœur Euphrasie, qui appartient elle-même à une très-
bonne famille, et qui a reçu une brillante
éducation, conçut un vif attachement pour
la jeune orpheline; elle l'initia à toutes les
connaissances qu'elle jugea utiles à sa condition, et c'est elle qui la première encouragea son goût pour la confection des fleurs
artificielles. Comme elle-même n'avait que
des notions très-imparfaites sur cet art, elle
procura à Lucille quelques livres qui traitent
de ce sujet, et lui fournit les premiers objets
nécessaires à ce travail.

« Sœur Euphrasie m'a souvent raconté
comment, dès sa plus tendre enfance, Lucille avait montré une sorte de passion
pour les fleurs. Ce goût s'était mêlé chez
elle à un sentiment religieux, ou plutôt il en
était né. « Dans nos campagnes, me disait
sœur Euphrasie, nos villageoises ignorent
les noms que la science ou même le monde
donne aux fleurs. Pour elles, presque toutes

les fleurs sont consacrées à la sainte Vierge,
et elles leur donnent des noms qui rappellent le souvenir de leur gracieuse patronne et l'emblème de ses vertus. Ainsi
la jolie fleur appelée myosotis par les bota-
nistes, *forget me not* par les Anglais, *ne
m'oubliez pas* par les Français, a reçu dans
nos campagnes le nom d'*œil de la Vierge;*
une autre se nomme les *souliers de la
Vierge;* une autre, sa *ceinture*, son *voile*,
etc. Je ne vous parlerai pas de ce fil mysté-
rieux dont l'origine n'est pas encore bien
éclaircie par nos savants, et que tout le
monde, à la ville comme aux champs,
ne connaît que sous le nom de *fil de la
Vierge.* Pour en revenir à Lucille, lors-
qu'elle allait dans la prairie, au bord de
la forêt, avec sa mère nourrice, l'aider à
cueillir de l'herbe pour sa vache, elle met-
tait de côté toutes les fleurs qui portaient
les noms que je viens de citer; puis elle en
composait des guirlandes qu'elle plaçait autour d'une petite statue de la Vierge, statue
que vous avez pu voir encore dans sa
chambre. Un peu plus tard elle avait lu,

je ne sais dans quelle légende, l'histoire
d'une jeune bergère qui prenait plaisir à
déposer tous les jours sur la statue de Marie,
dans une antique chapelle, une couronne de
fleurs simple et modeste comme sa vie. Elle
n'avait pas oublié une seule fois sa naïve
offrande. Quand elle fut au lit de la mort,
on vit paraître la Vierge avec une couronne
de roses blanches qu'elle voulut placer elle-
même sur le front de sa douce servante.
Alors, prenant son âme candide et pure,
elle l'emporta dans son vol vers les cieux.

« La lecture de cette légende donna à
Lucille l'idée d'offrir aussi chaque jour à la
sainte Vierge une couronne de fleurs, qu'elle
aurait cueillie et préparée elle-même. Pendant toute la belle saison elle exécuta reli-
gieusement cette résolution, et chaque matin
elle apportait à la chapelle de la Vierge la
couronne à laquelle elle avait travaillé quelquefois une partie de la nuit. Mais elle se
trouva fort embarrassée quand la saison des
fleurs fut passée et qu'elle se vit forcée de
discontinuer ses offrandes journalières. Ce
fut alors qu'elle pensa à remplacer les fleurs

naturelles par des fleurs artificielles, et cette pensée fut à peine conçue qu'elle s'occupa de la mettre à exécution.

« Vous voyez, Mesdemoiselles, dit ici M^{lle} Cormier en interrompant son récit, qu'il y a un rapport frappant entre cette partie de l'histoire de ma petite Lucille et la légende du chevalier Harnald, que nous a racontée Céline. Mais ceci n'a rien d'étonnant : les mêmes causes produisent les mêmes effets. Lucille, qui probablement ne connaissait pas la légende du chevalier Harnald, empêchée comme lui, non de satisfaire à un vœu, car elle n'en avait fait aucun, mais à un simple acte de piété qui était devenu pour elle une douce habitude, imagina d'employer les mêmes moyens que lui pour satisfaire sa dévotion.

« Ce fut donc alors qu'elle conçut le projet de faire des fleurs artificielles pour remplacer celles que la nature lui refusait. La mère Michaud conservait précieusement sous un globe son bouquet de mariée, bouquet composé de fleurs d'oranger, de roses blanches, de lilas blancs, le tout monté sur des

tiges blanches comme les fleurs, et garni
de feuilles d'argent d'une forme bizarre et
impossible ; Lucille demanda à sa mère
adoptive la permission d'examiner ce bouquet. La mère Marguerite ne savait rien
refuser à son enfant; seulement elle lui re-
commanda, en le lui confiant, d'en avoir
le plus grand soin. Lucille le promit, et
tint parole. Cependant elle trouva moyen,
sans altérer en rien le précieux bouquet, de
se rendre compte de la manière dont il avait
été fabriqué. Elle reconnut la nature des
tissus et des matériaux qui étaient entrés
dans la confection des tiges, des fleurs et
des feuilles, et elle comprit qu'elle pouvait,
avec les mêmes matériaux, obtenir les mêmes
résultats.

« Elle commença d'abord par quelques
fleurs des plus simples; elle tâtonna longtemps ; elle détruisit ses premières ébauches,
qui étaient loin de la satisfaire; puis elle
recommença; et, à force de persévérance,
elle parvint enfin à faire quelque chose qui
lui parut passable. Jusque-là elle avait travaillé dans le plus profond secret; enfin,

quand elle pensa avoir réussi, elle montra son travail à sœur Euphrasie. Cet essai, me dit cette bonne sœur, de qui je tiens tout ce que je vous raconte, était bien imparfait sans doute ; mais il décelait une aptitude étonnante et annonçait un véritable talent. Elle pouvait s'écrier, à l'instar de ce peintre : Et moi aussi je suis fleuriste !

« C'est à compter de ce moment que sœur Euphrasie encouragea Lucille à persévérer dans la carrière qu'elle venait en quelque sorte de s'ouvrir elle-même, et qu'elle lui fournit tous les moyens dont elle pouvait disposer pour lui en aplanir les premières difficultés. Malgré l'imperfection de ces premières leçons, la jeune fille fit des progrès rapides, et je pourrais dire prodigieux, pour son âge ; elle avait alors à peine douze ans. Bientôt, grâce à elle, la chapelle de la Sainte-Vierge fut ornée, en toute saison, de manière à faire l'admiration des habitants du village et des étrangers qui la visitaient. Dès lors un grand nombre de dames, qui viennent passer l'été dans le pays ou dans les environs, s'intéressèrent à la jeune artiste, qu'elles surnommèrent le petit phénix, comme l'avait appelée M<sup>me</sup> de Souval. Toutes voulurent avoir des fleurs de sa façon, et la récompensèrent généreusement de son travail. Et voilà que cette enfant, qui n'avait songé, quand l'idée lui était venue de faire des fleurs artificielles, qu'à rendre hommage à la sainte Vierge, se trouvait maintenant exercer un métier lucratif qui lui permettait de venir en aide à ses parents adoptifs. Ajoutons que l'intérêt inspiré par la jeune orpheline se reportait en partie sur les époux Michaud; qu'une sollicitude bienveillante et délicate pourvoyait à tous leurs besoins, et les récompensait largement du désintéressement dont ils avaient fait preuve en adoptant, malgré leur pauvreté, la pauvre enfant abandonnée. Aussi le père Michaud avait raison quand il disait que la bénédiction de Dieu était entrée dans leur maison avec cette enfant. De son côté, la maîtresse Colin, l'hôtelière, se disait souvent : « Ont-ils de la chance ces Michaud !... Ah! si j'avais su, je ne leur aurais pas laissé emmener cette petite ; mais qui pouvait prévoir ce qui est arrivé ?

« Beaucoup de gens, mes enfants, raisonnent comme la maîtresse Colin, et ne font le bien que quand ils prévoient les avantages qu'ils peuvent en retirer.

# CHAPITRE V

Premier voyage de Lucille à Paris.

« Tous ces détails que je viens de vous donner sur les premières années de Lucille Vuillemot m'ont été racontés, pendant mon premier séjour chez Mme de Souval, par cette dame, par sœur Euphrasie, par la mère Michaud et par l'orpheline elle-même, dont j'eus bientôt gagné la confiance; elle m'ouvrit son cœur avec une franchise et une naïveté qui m'enchantaient.

5

« J'allais souvent la visiter dans son
atelier, et elle écoutait avec avidité les conseils que je lui donnais. Souvent aussi elle
venait me trouver elle-même de grand
matin, et nous faisions ensemble une charmante promenade dans la campagne si riche,
si splendide dans cette saison de l'année.
La flore si variée de la Touraine était alors
dans tout son éclat. Je profitai de ces excursions pour donner à Lucille quelques notions de botanique ; car la pauvre enfant
faisait des fleurs tout naturellement et, pour
ainsi dire, par instinct. Je l'amenai facilement à comprendre que, pour bien faire les
fleurs artificielles, une condition indispen-
sable était de connaître les divers organes
des fleurs naturelles ; car comment imiter
avec fidélité ce que l'on connaît imparfaite-
ment ?

« Cette étude donnait un charme parti-
culier à nos promenades; curiosité de recherches, abondance de récoltes, étude des
propriétés, observation des mœurs des vé-
gétaux, tout était intérêt, tout devenait
plaisir. Parfois ma jeune compagne, après

m'avoir entendue expliquer le mécanisme
d'une fleur, décrire son origine, son ac-
croissement, ses développements successifs,
levait les yeux au ciel et s'écriait avec enthousiasme : « O mon Dieu ! que vos œuvres
sont belles ! et n'est-il pas téméraire à moi,
faible et ignorante créature, de chercher à
les imiter ?

« — Non, ma fille, lui disais-je, il n'y
a là nulle témérité, car vous n'avez pas
l'orgueilleuse prétention de reproduire ces
œuvres avec une exactitude parfaite, à laquelle tout le génie et toute la science de
l'homme ne pourront jamais atteindre.
Non-seulement il est permis, mais il est
louable de chercher à imiter les œuvres du
Créateur, autant qu'il est donné à notre
faiblesse de pouvoir le faire; c'est un hommage que nous rendons à sa puissance in-
finie, et c'est ce désir, que Dieu lui-même
a mis dans le cœur de l'homme, qui a
donné naissance à la peinture, à la sculpture,
en un mot, à tous les arts d'imitation. »

« Ordinairement, au retour de ces promenades, quelquefois avant de partir, nous

entendions la messe, selon qu'elle se disait
à une heure plus ou moins avancée; car
M. le curé, étant seul pour desservir sa
paroisse, était quelquefois forcé de retarder
ou d'avancer la messe, selon les exigences
de telle ou telle circonstance; mais nous
nous arrangions toujours de manière à n'y
manquer que le plus rarement possible.
Souvent aussi, après la promenade, j'allais
prendre une tasse de lait de la bonne mère
Marguerite, et je passais une demi - heure
avec elle et son mari à nous entretenir de
leur enfant adoptif, que ces bonnes gens
aimaient avec une tendresse au moins aussi
grande que si c'eût été leur véritable enfant. Lucille n'assistait pas, comme vous le
pensez bien, à ces conversations. Aussitôt
qu'elle avait pris sa tasse de lait, elle re-
montait dans sa chambre pour se remettre
au travail, ou bien pour accomplir quelque
acte de dévotion qu'elle n'avait pas eu le
temps de terminer à l'église; car elle était
déjà dans ce temps-là, et elle est encore aujourd'hui, d'une piété exemplaire. Chaque
fois que j'assistais à la messe avec elle,

j'étais édifiée de sa tenue et de la ferveur
qu'elle apportait dans ses prières.

« Quand je fus complétement rétablie,
et que le temps de mon départ approcha,
la pauvre enfant devint toute triste. Elle
ne pouvait, me disait-elle, s'accoutumer à
l'idée de ne plus me voir tous les jours; de
mon côté, j'avoue que j'éprouvais un regret
sincère de me séparer d'elle. Enfin il me
vint une idée au moyen de laquelle nous
pourrions prolonger encore, au moins pour
un certain temps, notre réunion : ce fut de
l'emmener avec moi à Paris, et de lui
faire prendre chez les meilleurs fleuristes des
leçons propres à la perfectionner dans son
art.

« Une autre eût accueilli ce projet avec
enthousiasme : voir Paris, pour une jeune
fille de province, est un des plus beaux
rêves. Quand j'en parlai à Lucille, je vis
d'abord sa physionomie s'animer de plaisir à la pensée de m'accompagner, d'acquérir de nouvelles connaissances et de faire
de nouveaux progrès dans son art; mais
bientôt l'idée de s'éloigner de ses parents

adoptifs, qu'elle n'avait pas quittés un seul jour dès l'âge de quatre ans, de ne plus revoir ces belles campagnes, de rompre avec les douces habitudes qu'elle avait contrac- tées, assombrit son front et amortit l'ani- mation de sa physionomie. « Oh ! oui, me dit-elle en poussant un profond soupir, ce que vous me proposez là me plairait beau- coup; mais que deviendront, pendant que je n'y serai pas, mon pauvre père et ma pauvre mère nourrice? Ils seront malades de chagrin, et moi, je penserai sans cesse à eux avec inquiétude. Puis qui aura soin de la chapelle de la Sainte-Vierge? car c'est moi qui en suis maintenant spécialement chargée. Toute réflexion faite, ajouta-t-elle après quelques instants de silence, il y a trop d'inconvénients à ce voyage, qui pour- tant me sourit beaucoup, et il vaut mieux que j'y renonce.

« — Mais je crois, lui répondis-je, que vous vous exagérez ces inconvénients. D'a- bord votre absence sera de trop courte durée pour qu'elle puisse contrarier vos parents, et pour que la décoration de votre chapelle en souffre. Je vous emmène avec moi, et il est convenu que M<sup>me</sup> de Souval, qui doit venir à Paris le mois prochain, vous ramènera avec elle : ainsi, pour votre voyage, à l'aller et au retour, vous serez avec des personnes de connaissance. Pendant votre séjour à Paris, je vous placerai chez une fleuriste distinguée de ma connaissance, où vous serez traitée comme l'enfant de la maison ; d'ailleurs je vous verrai tous les jours, et je me charge de vous faire visiter les choses qui pourront le plus vous intéresser à Paris. Enfin, mon enfant, songez que je ne vous propose pas ce voyage comme une partie de plaisir ; c'est dans votre intérêt, c'est pour acquérir des connaissances qu'on ne peut vous enseigner qu'à Paris, que je désire que vous fassiez ce voyage. Vous avez un talent réel ; mais il est encore loin d'avoir atteint sa perfection. Les conseils et les leçons que j'ai pu vous donner ne doivent avoir produit d'autre effet que de vous faire comprendre leur insuffisance ; car je vous l'ai dit souvent, je ne suis nullement professeur dans cette partie, je ne suis tout au plus qu'un simple amateur, et encore très-ordi-

naire. Vous avez donc besoin, pour compléter
votre instruction, de l'enseignement de véritables professeurs, et ce n'est qu'à Paris
que vous les trouverez ; vous auriez donc tort
de manquer l'occasion qui se présente pour
vous de recevoir ces leçons, et de donner à
votre talent toute la perfection dont il est sus-
ceptible. Réfléchissez, mon enfant, à ce que
je viens de vous dire ; consultez les personnes en qui vous avez confiance ; exposez-
leur sans restriction les avantages que vous
offre ce voyage et les inconvénients que vous
y apercevez ; puis, selon votre louable habitude, demandez à Dieu et à sa sainte Mère
de vous éclairer, et ensuite vous me ferez part
de votre résolution. »

« Ces motifs, ainsi présentés, avaient fait
une forte impression sur elle. Elle paraissait
disposée à me donner immédiatement une
réponse affirmative ; mais j'exigeai qu'elle
consultât les personnes dont je lui avais parlé,
et qu'elle attendît, pour me répondre, le délai que j'avais fixé. De mon côté, je prévins
ces personnes, que je connaissais bien : c'é-
tait M. le curé, la sœur Euphrasie et ses pa-

rents adoptifs. Toutes entrèrent facilement
dans mes vues, à l'exception toutefois de la
mère Marguerite, qui ne pouvait se décider à
se priver de son enfant. Son mari finit par
lui faire entendre raison, et enfin, au jour
marqué, Lucille vint toute joyeuse m'annoncer qu'elle était prête à m'accompagner.

« Nous partîmes le lendemain par le chemin de fer, et le soir même nous arrivions à
Paris.

« Deux jours après je fis faire à Lucille une
promenade dans Paris. Nous étions en voiture découverte. Nous parcourûmes rapidement la ligne des boulevards, la rue Royale,
la place de la Concorde, les Champs-Élysées
jusqu'à l'arc de triomphe, et, en revenant,
nous suivîmes la rue de Rivoli jusqu'à la place
de l'Hôtel-de-Ville. J'avais soin de lui faire
remarquer en passant les différents monu-
ments qui se trouvaient sur notre chemin;
mais bientôt je m'aperçus que la pauvre enfant regardait tout, pour ainsi dire, sans rien
voir. Ce bruit, ce tumulte, cette foule, ces
milliers de voitures qui se croisaient en tous
sens, lui causaient une sorte de vertige; elle

5*

était comme ahurie, et à peine entendait-elle ou comprenait-elle ce que je lui disais. Quand nous fûmes rentrées, je lui demandai si elle s'était amusée dans notre promenade. « Je vous mentirais, me répondit-elle, si je vous disais que je me suis amusée; j'ai été étourdie, éblouie, voilà tout. Mais je m'amusais bien davantage, ajouta-t-elle en poussant un profond soupir, dans les promenades que nous faisions ensemble à travers nos campagnes de la Touraine.

« — Ce que vous éprouvez là, lui dis-je, toutes les personnes qui n'ont jamais habité que la campagne l'éprouvent également la première fois qu'elles viennent à Paris; mais on s'y fait facilement.

« — Oh! pour moi, répondit-elle, je ne crois pas que je pusse jamais m'y habituer.

« — J'en disais autant lors de mon début dans la capitale, et quinze jours après je ne faisais plus attention à ce bruit qui vous a si fort étourdie tout d'abord. Mais tranquillisez-vous; je ne veux plus vous mener faire des promenades dans ces quartiers bruyants; on peut à Paris trouver la solitude quand on veut, et je vous placerai dans un quartier tranquille où vous ne vous apercevrez pas du tumulte qui règne dans d'autres quartiers de la ville.

« Les jours suivants furent consacrés à visiter quelques églises. Là elle retrouva le calme de son âme dans la prière. Elle admirait la pompe avec laquelle le service divin était célébré les jours de fête; « mais, me disait-elle, je priais avec plus de recueillement dans la simple église de notre village. » Décidément je commençais à comprendre qu'elle n'était pas faite pour habiter Paris.

« Après plusieurs jours employés à la mettre un peu au courant de la vie parisienne, je la conduisis chez Mᵐᵉ Durier, cette fleuriste que vous avez vue à l'exposition. Je la connaissais depuis longtemps, et c'est chez elle que j'ai appris le peu que je sais dans l'art de confectionner des fleurs artificielles. C'est une femme aux formes un peu rudes, aux manières un peu brusques, mais au cœur excellent, et d'une probité parfaite, malgré la petite chicane que je lui ai cherchée à l'oc-

casion du prix exagéré des fameux bouquets
qui ont occasionné le pari des deux Anglais.
Dès que je lui eus raconté sommairement
l'histoire de Lucille, que je lui eus fait connaître ses dispositions, et montré quelques
échantillons de son savoir-faire, elle parut
s'intéresser vivement à elle, et me dit qu'elle
la prendrait volontiers en pension pendant
un mois ou deux, me donnant sa parole de
veiller sur elle comme sur sa propre fille.

« Nos conventions furent bientôt arrêtées.
Lucille fut installée le jour même chez M^me Durier, et je revins prendre mes fonctions à la
pension, mais après avoir promis à la pauvre
petite, qui pleurait en me voyant partir, de
venir la voir le plus souvent possible, au
moins de deux jours l'un, et de passer les dimanches avec elle.

« Elle eut quelque difficulté à s'accoutumer
à son nouveau genre de vie; cependant la
vue de cette immense quantité de fleurs de
toute espèce, soit terminées, soit en voie
d'exécution, qui s'étalaient dans les montres,
dans les vitrines et dans les ateliers de M^me Durier, la ramena bientôt au sentiment de son

art et à la pensée de s'y perfectionner, qui l'avait conduite à Paris. Bientôt M<sup>me</sup> Durier trouva en elle une élève aussi intelligente que docile, et elle s'y attacha avec une affection sincère. Lucille fit de rapides progrès en suivant les leçons de sa maîtresse, et surtout en examinant l'ensemble du travail des ateliers et la manière dont il était exécuté par chaque ouvrière. Elle comprit bientôt les avantages de la division du travail, dont chaque partie était exécutée par certaines ouvrières, qui, ne s'occupant pas d'autre chose, arrivaient dans leur spécialité à une perfection très-difficile à atteindre. C'est ainsi que les découpeuses, les gaufreuses, les apprêteuses constituaient autant de professions différentes, professions en quelque sorte mécaniques et qui n'ont d'autre but que d'épargner au véritable fleuriste, à l'artiste qui monte les fleurs et dispose d'une manière convenable les parties dont elles sont composées, une perte de temps considérable qu'il serait forcé d'employer à ces préparations.

« Au bout d'un mois, M<sup>me</sup> Durier me déclara que Lucille était sans contredit la meil-

leure ouvrière de son atelier, et que si elle
voulait rester encore un an avec elle, elle se
faisait fort de la rendre au bout de ce temps
la première fleuriste de Paris.

« J'en parlai à Lucille la première fois que
je me trouvai seule avec elle; mais elle me
répondit avec un accent presque épouvanté :
« Oh ! non, non, je ne resterai pas ici plus
de temps que nous ne sommes convenues;
vous ne sauriez croire, Mademoiselle, combien est déjà grand le sacrifice que je suis
obligée de faire; ce n'est qu'en priant avec
ardeur, ce n'est qu'en pensant que chaque
jour, chaque minute me rapproche de ce
terme si impatiemment attendu, que je me
sens la force de supporter cette épreuve;
mais, s'il me fallait encore demeurer un an,
oh ! bien sûr, je ne vivrais pas jusque-là.
Voyez-vous, Mademoiselle, je suis comme
une plante arrachée au sol qui l'a vue naître, et qu'on essaie de transplanter sous un
autre climat; on a beau lui prodiguer des
soins, bientôt elle languit et meurt si on ne
lui rend pas sa terre natale. Pour moi, Paris
est un climat mortel, et j'aspire avec impa-

tience au jour où j'irai retremper mon âme et puiser une nouvelle vie dans l'air si pur de nos campagnes, au milieu de nos prairies parfumées, où je pourrai courir et sauter à mon aise avec mes compagnes.

« — Je ne vous presserai pas davantage, lui répondis-je, car je conçois ce qui se passe dans votre âme, et je ne voudrais pas vous exposer aux dangers de la nostalgie; mais il est fâcheux que vos études soient ainsi interrompues au milieu de vos progrès, et quand avec un peu plus de persévérance vous pouviez arriver, d'après le témoignage de M$^{me}$ Durier, à être une des premières artistes de Paris.

« — Eh bien, M$^{me}$ Durier se trompe. J'ai atteint la dernière limite du progrès auquel je puisse arriver maintenant à Paris. J'ai appris beaucoup de choses que j'ignorais; je puis faire mieux et plus vite qu'autrefois; mais ce n'est qu'à la campagne, ce n'est que dans mon village qu'il m'est possible de faire usage des nouvelles connaissances que j'ai acquises; j'ai besoin de les faire mûrir dans le calme et la solitude; ici il ne m'est pas

possible de me recueillir un instant; je suis
abasourdie par ce tumulte de Paris; je ne
puis ni travailler ni prier à mon aise, et, je
le sens, le travail et la prière sont ma vie. »

« Je fis part à M^{me} Durier de ma conversation avec Lucille. La bonne dame n'était
pas faite pour comprendre ce langage. Sa
nature, un peu rude, ne pouvait se faire une
idée de la délicatesse des sentiments de cette
enfant. Tout ce qu'elle comprit, c'est qu'elle
voulait la quitter, et elle fut blessée de ce
qu'elle appelait son ingratitude. « Oui! me
dit-elle avec un ton de mauvaise humeur,
ayez donc des égards, des soins, de l'amitié
pour les gens; voilà comme vous en serez
récompensé! Cette petite fille, je l'ai traitée,
sans reproche, comme si elle eût été mon
enfant, et voilà qu'au moment où elle pouvait me rendre quelques services, elle veut
s'en aller dans son village. Qu'elle y aille; je
ne la retiens pas. Mais encore est-il bien sûr
qu'elle s'en retourne au pays? Ne va-t-elle
pas plutôt chez quelque confrère qui lui offre
un salaire plus fort que celui qu'elle avait
espéré gagner ici?

« — Oh! pour cela, Madame, je vous
garantis qu'elle retourne auprès de ses parents adoptifs, et que le seul motif qui la
détermine, c'est qu'elle ne peut s'accoutumer à la vie de Paris.

« — C'est drôle ça tout de même ; mais
enfin n'allons pas par quatre chemins... ; te-
nez, Mademoiselle, j'offre maintenant de
garder la petite comme première ouvrière ;
elle sera nourrie, logée, chauffée, éclairée,
et je lui donnerai six cents francs la première
année, neuf cents francs la seconde, et toujours en augmentant de trois cents francs
chaque année, jusqu'à dix-huit cents, si toutefois, bien entendu, elle continue à bien
travailler et à se bien comporter. »

« Cette proposition de M^{me} Durier m'éclaira
plus que tout ce qu'elle avait pu me dire pré-
cédemment sur la capacité et les talents réels
de Lucille. Elle avait bien compté exploiter
un peu ces talents à son profit personnel, et
c'était là ce qui m'expliquait la contrariété
que lui causait son départ. Je lui promis de
faire part à Lucille de ses propositions ; mais
je ne lui cachai pas en même temps que je

doutais fort du succès, parce que je la connaissais, et, quand elle avait pris un parti
avec autant de résolution, il était difficile de
la faire revenir sur ce qu'elle avait arrêté
dans son esprit.

« C'est ce qui ne manqua pas d'arriver.
Quand on lui aurait offert une fortune, Lucille n'eût pas voulu entendre parler de rester plus longtemps à Paris. M^{me} Durier me
témoigna son mécontentement en termes un
peu vifs, prétendant que si j'avais voulu user
de mon influence auprès de la jeune orpheline, elle aurait accepté ses offres. Je ne lui
répondis rien, pour éviter toute discussion
inutile, et nous nous séparâmes assez froide-
ment. Le lendemain j'emmenai Lucille dans
l'hôtel où était descendue M^{me} de Souval, et
deux jours après mon amie et sa petite compagne reprenaient le chemin de la Touraine.

« Elle avait bien raison de dire qu'elle
avait besoin de se retremper dans l'atmo-
sphère de la campagne pour prendre de nouvelles forces et tirer un parti convenable de
ses nouvelles connaissances. Elle avait em-

porté de Paris une quantité considérable et
bien assortie de couleurs fines, ainsi que de
tous les articles nécessaires à la confection
des fleurs, et qui se vendent tout préparés.
Elle se mit aussitôt à l'œuvre, et chacun de
ses nouveaux produits fut un véritable chef-
d'œuvre. Le premier bouquet qu'elle composa
fut destiné à la chapelle de la Sainte-Vierge,
le second me fut envoyé pour ma fête. Elle
avait appris de M$^{me}$ de Souval que j'avais
nom Marie, et la veille de l'Assomption je
reçus son cadeau accompagné d'une lettre
charmante.

« Je ne pus résister au désir de faire voir
à M$^{me}$ Durier ce délicieux bouquet, pour lui
prouver que son élève n'avait pas oublié ses
leçons, et en même temps lui lire un pas-
sage de la lettre de Lucille, qui exprimait
toute sa reconnaissance pour cette dame, me
priait de lui présenter ses respects et de
l'excuser si elle s'était vue forcée de la quitter
sitôt.

« Comme je vous l'ai dit, M$^{me}$ Durier a le
cœur excellent. Elle fut touchée jusqu'aux
larmes du souvenir de Lucille, et je fus con-

vaincue qu'elle ne conservait pas la moindre rancune de ce qui s'était passé. Quand je lui fis voir le cadeau de ma *protégée*, comme elle l'appelle, elle en parut émerveillée. Elle l'examina avec la plus grande attention et dans l'ensemble et dans les moindres détails; puis elle me dit avec une sincérité qui n'était pas jouée : « Mademoiselle, voilà un ouvrage réellement admirable, et j'avoue que rien de mieux ne pourrait sortir de ma fabrique. »

« C'était bien là le jugement que j'avais porté moi-même sur ce travail; mais je n'étais pas fâchée de l'entendre appuyer par un juge plus compétent que moi. Bientôt M^me Durier affirma son opinion d'une manière qui pour moi équivalait à un serment qu'elle eût prêté en justice. Après avoir examiné le bouquet au point de vue de l'art, elle le considéra du côté commercial, et me dit : « Savez-vous, Mademoiselle, combien vaut ce bouquet?

« — Je vous avoue franchement, Madame, que je ne m'en suis pas occupée; il a pour moi une valeur inappréciable comme souvenir d'un enfant que j'affectionne beaucoup;

quant à la valeur vénale, je m'en inquiète fort peu.

— « Eh bien, moi, marchande, je donnerais cinquante à soixante francs d'un bouquet comme celui-là, et si votre petite protégée veut m'en fournir dans ce genre, je m'offre à les lui payer ce prix, ou même davantage, selon le travail.

« — Je crois, Madame, répondis-je, que la proposition que vous faites là sera plus facilement acceptée de Lucille que celle de rester à Paris comme ouvrière. Je vous promets cette fois d'user de toute mon influence pour l'engager à accepter vos offres ; je vais lui écrire aujourd'hui même, et dans quelques jours je vous rapporterai la réponse. »

« Nous nous quittâmes cette fois très-bonnes amies. J'écrivis à Lucille et à Mme de Souval pour leur rendre compte de ma viste à Mme Durier. J'engageais Lucille dans cette lettre à accepter les propositions de Mme Durier, comme un moyen assuré et facile d'abord de trouver un débouché aux produits de son

travail, puis de conserver des relations qui
ne pourraient que lui être profitables avec
une personne capable de lui donner d'utiles
conseils, dont elle aurait encore longtemps
besoin. A M^me de Souval j'écrivais de joindre
ses instances aux miennes auprès de Lucille ;
puis je lui rappelais une chose dont il avait
été quelquefois question entre nous, mais qui
ne paraissait pas bien urgente jusqu'à présent : c'était de prier son mari de veiller aux
intérêts de cette enfant et de régulariser sa
position civile. En effet, depuis la mort de
ses père et mère, elle avait été reçue par les
époux Michaud, qui l'avaient élevée comme
leur enfant ; mais aucun acte régulier, aucun
conseil de famille n'avait sanctionné cette position : elle n'avait ni tuteur ni subrogé tuteur ; de sorte qu'il pourrait arriver qu'un
jour un de ses parents du côté paternel ou
maternel vînt réclamer cette tutelle et en-
lever cette enfant à ses parents adoptifs, ce
qui serait un coup mortel et pour eux et pour
elle-même. Enfin le temps me paraissait venu
de prendre cette mesure. Dorénavant Lucille
pouvait par son travail gagner des sommes

assez considérables; il était important qu'une
personne désintéressée et probe veillât à l'emploi de ces fonds, et acceptât par conséquent
la tutelle de cette enfant, fonctions que le
père Michaud, par son âge, ses infirmités et
son défaut de connaissances, était incapable
de remplir. C'était donc M. de Souval sur qui
nous avions jeté les yeux pour cette mission,
et il en avait déjà été question pendant mon
séjour en Touraine entre M. le curé, sœur
Euphrasie et moi. Pour en finir sur cet article, j'ajouterai en deux mots que les choses
se passèrent comme nous l'avions désiré. Le
juge de paix du canton convoqua d'office un
conseil de famille, qui nomma à l'unanimité M. de Souval tuteur de Lucille Vuillemot.

« Pendant que l'on travaillait à cette pro-
cédure, Lucille fit ses premiers envois à
M^me Durier. Celle-ci en fut enchantée, et
paya cent vingt francs les trois premiers bouquets qu'elle reçut, en déclarant qu'elle prendrait aux mêmes conditions tout ce qui lui
serait envoyé à l'avenir. Lucille eût volontiers accepté de ne travailler que pour elle;

mais M. de Souval, son tuteur, lui découvrit
quelques autres débouchés plus avantageux.
En effet, le travail de Lucille se perfection-
nait, on peut dire, de jour en jour, et M^me Durier ne voulait pas augmenter ses prix. Les
choses demeurèrent dans cet état jusqu'au
commencement de cette année. Enfin Lucille
m'adressa le bouquet que vous avez vu à l'exposition; et M. de Souval m'annonçait en
même temps que si je le présentais à M^me Durier, il ne faudrait le placer chez elle qu'à
commission, à moins qu'elle ne consentît à
le payer au moins le double des autres. Il me
rendait compte en même temps de la comparaison qu'ils avaient faite de ce bouquet avec
un autre tout semblable de fleurs naturelles,
et il m'engageait à renouveler moi-même
cette expérience avec M^me Durier; il ajoutait
que depuis quelque temps Lucille avait eu
l'idée de faire de ces sortes de bouquets, qui
avaient excité l'admiration de tous les connaisseurs du pays.

« Je suivis son conseil; M^me Durier partagea
l'admiration des connaisseurs tourangeaux,
et c'est alors qu'elle présenta, avec des objets

de sa fabrique, ce bouquet à l'exposition universelle. Voilà, Mesdemoiselles, l'origine de
ce fameux bouquet qui a mis hier en émoi
une partie du palais de l'Industrie, et l'histoire de celle qui l'a confectionné. »

# CHAPITRE VI

Second voyage et séjour de Lucille à Paris.

Ainsi que M<sup>me</sup> Durier l'avait prévu, le pari de lord \*\*\* et de sir William Brown (c'était le nom de son adversaire) eut un grand retentissement dans la société anglaise qui se trouvait alors à Paris. Il fut rapporté par le *Galignani's Messenger*, dont l'article fut reproduit par les principaux journaux de Londres, et traduit ensuite par les journaux de Paris.

Comme elle l'avait encore prévu, il y eut nombreux concours de visiteurs à la place occupée par M^me Durier à l'exposition ; sir William Brown y amena bon nombre de ses amis et connaissances, et de nouveaux paris s'engagèrent entre eux. M^me Durier tint la promesse qu'elle avait faite ; chaque fois qu'on lui faisait compliment du bouquet, elle répondait que c'était l'ouvrage d'une de ses élèves, à peine âgée de dix-huit ans, nommée Lucille Vuillemot. « Madame, répondait-on presque toujours, de pareilles élèves font honneur à leur maîtresse, et font juger du talent et de la capacité de celle qui peut former de tels sujets. » Puis ce compliment était souvent accompagné d'une commande ou d'une visite dans les magasins de M^me Durier, dont on ne sortait guère sans avoir fait quelques emplettes importantes.

Le second bouquet, semblable à celui qui avait été l'objet du pari, fut livré bien avant l'époque qu'avait fixée M^lle Cormier ; les cent livres sterling furent comptées, et, suivant le désir manifesté par Lucille, la moitié de cette somme fut remise à M^me Durier, et l'autre

moitié à son tuteur, qui la plaça immédiatement au nom de sa pupille.

M^{me} Durier, ravie de ce procédé, envoya
aussitôt de nombreuses commandes à Lucille,
qu'elle payait maintenant trois et quatre fois
plus cher que les premières. Enfin le grand
jour de la distribution des prix arriva. Une
médaille fut décernée à la maison Durier, et
une mention honorable accordée à M^{lle} Lucille Vuillemot, en qualité de première ouvrière et d'élève de cette maison.

M^{me} Durier partit aussitôt pour aller annoncer cette nouvelle à Lucille, qu'elle avait
en vain invitée à venir assister à la séance
solennelle où les grands prix avaient été dis-
tribués de la main de l'empereur. Notre
adroite commère avait son but en faisant ce
voyage, et, tout en arrivant, elle s'en ouvrit
franchement à M. de Souval.

« Monsieur, lui dit-elle, j'ai à vous faire
une proposition dans l'intérêt de votre pupille. Lucille n'est plus une enfant comme
quand elle est venue il y a quatre ans à Paris;
aujourd'hui elle a dix-huit ans passés; elle est
plus raisonnable que beaucoup de jeunes per-

sonnes ne le sont à vingt-cinq ans ; son talent
est réellement hors ligne, mais il baisserait
bientôt infailliblement s'il restait longtemps
encore enfoui dans ce village. Ce n'est qu'à
Paris qu'elle peut le soutenir et même le
grandir encore, parce que ce n'est que là
qu'elle rencontrera l'émulation pour le sti-
muler et les modèles de goût pour le perfectionner. Je viens donc aujourd'hui lui proposer, non pas de la prendre comme ouvrière à appointements fixes, ainsi que je
l'offrais autrefois, mais bien de l'associer à
mon commerce. Je n'ai pas besoin, Monsieur, d'entrer dans de grandes explications
pour vous faire comprendre les avantages qui
résulteront d'une pareille association pour le
présent et surtout pour l'avenir de votre pupille. Ma maison est honorablement connue
depuis longtemps dans le commerce des
fleurs ; j'ai de nombreuses relations en
France et surtout à l'étranger, et je puis
prouver, par le chiffre de mes affaires, l'importance de ces relations. La récompense que
je viens d'obtenir va les augmenter encore,
à tel point que je crains de ne pouvoir y suf-

firé. J'ai donc besoin de quelqu'un pour m'aider, pour me seconder ; mais il faut que je puisse compter sur cette personne comme sur moi-même ; pour cela, il faut qu'elle soit jeune, intelligente, active, capable d'apprécier et de diriger aussi bien que moi le travail des ouvrières, en un mot, qu'elle soit une autre moi-même, ayant la même autorité et les mêmes intérêts ; pour cela, il est nécessaire qu'elle soit mon associée. Or j'ai la conviction de rencontrer toutes ces qualités réunies dans Lucille Vuillemot, et c'est sur elle que j'ai jeté les yeux. Je commence à ne plus être de la première jeunesse ; dans quelques années, il est probable que je me retirerai des affaires ; eh bien, c'est à elle que je laisserai ma maison, tout en y conservant un certain intérêt. D'ici là elle pourra faire un mariage convenable, et augmenter encore l'importance de notre maison ; mais qu'elle reste célibataire, ou qu'elle se marie, son avenir, et un bel avenir, j'ose le dire, ne lui est pas moins assuré.

— Madame, répondit M. de Souval, je vous remercie au nom de ma pupille de la

proposition avantageuse que vous lui faites ;
elle est pour elle trop honorable, elle me
donne une trop grande preuve de l'intérêt
que vous lui portez, pour qu'elle n'en soit pas
profondément touchée.

— Sans doute, je lui porte de l'intérêt ; je
l'ai dit il y a déjà longtemps à M<sup>lle</sup> Cormier,
qui n'avait pas l'air de me croire ; j'aime
cette petite comme mon enfant, quoi ! je n'ai
pas eu le bonheur d'en avoir des enfants,
moi ; mais si j'en avais eu, c'est comme elle
que je les aurais désirés.

— Ah ! vous n'avez pas d'enfants ? observa
M. de Souval.

— Non ; défunt mon mari et moi, nous
en avons bien eu du chagrin ; mais cela ne
nous a pas empêchés d'avoir de nombreux
héritiers, un tas de neveux et de nièces, tant
de son côté que du mien, qui comptent bien
un jour sur ma succession. Je n'ai pas l'intention de leur faire du tort, bien au contraire, car j'espère encore augmenter ma fortune en travaillant avec une associée ; mais
je la leur laisserai le plus tard que je pourrai.

— Comment, puisque vous avez des neveux et des nièces à qui vous destinez votre héritage, n'avez-vous pas songé à l'un ou à quelques-uns d'entre eux pour vous les associer?

— Parce qu'il n'y en a pas un seul qui entende mon commerce, à l'exception du fils d'une de mes nièces, qui voyage dans ce moment-ci en Amérique pour une maison de rubans et de soieries de Lyon. On dit beaucoup de bien de ce jeune homme; mais je ne le connais pas. J'ai déjà pensé, quand il serait de retour de son voyage, que peut-être il pourrait convenir pour époux à Lucille. Cela serait à merveille, mais ce n'est encore qu'une idée en l'air, dont je vous parle entre nous seulement; l'essentiel dans ce moment-ci est de nous occuper de l'affaire qui m'a fait entreprendre ce voyage. Voyons, dites-moi franchement, qu'en pensez-vous?

— Madame, je la regarde comme très-avantageuse pour ma pupille, et j'userai de toute mon influence auprès d'elle pour l'engager à accepter votre proposition.

— C'est tout ce que je demande; seule-

6*

ment, je vous prierai de hâter le plus possible la conclusion de cette affaire, car vous pensez bien que je n'ai pas le temps de faire ici un long séjour, et je désire savoir à quoi m'en tenir avant mon départ. »

M. de Souval répondit qu'il comprenait parfaitement ses raisons, et qu'il allait s'occuper immédiatement de l'affaire.

Avant d'en parler à Lucille, il commença par prévenir toutes les personnes qui s'intéressaient à elle, et par demander leur avis. Toutes déclarèrent qu'il était de l'intérêt de Lucille d'accepter une pareille proposition, et qu'il fallait s'entendre tous pour la déterminer, car on prévoyait une opposition de sa part.

En effet, à la première ouverture que lui en fit M. de Souval, elle parut effrayée, ne répondit rien et se mit à pleurer.

« Mon enfant, lui dit M. de Souval, si vous éprouvez une trop grande répugnance à accepter les offres avantageuses qui vous sont faites, nous ne prétendons pas, — car je parle ici au nom de tous vos amis, — vous y contraindre par l'influence morale que nous

exerçons sur vous; mais avant de répondre
négativement, nous devons vous faire connaître les motifs qui nous déterminent à vous
donner le conseil d'accepter. Vous êtes assez
raisonnable pour le comprendre et pour ne
pas vous laisser entraîner par des motifs fu-
tiles, par ce que j'appellerai des enfantil-
lages, à manquer une occasion aussi favorable d'assurer votre sort à venir. » Après ce
préambule, il développa dans le plus grand
détail la proposition de M^{me} Durier, et con-
clut en disant qu'elle devait accepter, non-
seulement par intérêt pour elle-même, mais
par devoir et par reconnaissance envers
M^{me} Durier, et même envers ses parents
adoptifs, à qui elle pourrait venir en aide
plus efficacement, et dont elle pourrait par
là prévenir tous les besoins. « Maintenant,
dit-il en terminant, je ne vous demande pas
une réponse immédiate; réfléchissez, consultez les personnes en qui vous avez confiance,
et ensuite vous vous déciderez. » A ces mots,
il la quitta.

La pauvre enfant, restée seule, se mit aussitôt à genoux devant son crucifix; deman-

dant avec ferveur à Dieu de l'aider de ses conseils, puis elle alla trouver sœur Euphrasie. Celle-ci avait été prévenue par M. de Souval; aussi sa réponse était prête. Dès que Lucille lui eut fait connaître le motif de sa visite, la sœur l'engagea à ne pas hésiter un instant à accepter.

« Mais, ma sœur, reprit Lucille, je ne me sens aucune vocation pour le commerce; j'ai du goût, si l'on veut, pour la fabrication des fleurs artificielles, et j'y réussis assez bien; mais autre chose est de faire des fleurs, autre chose est de savoir les vendre. J'ai vu de près ce qui en était, pendant le peu de temps que je suis restée chez M<sup>me</sup> Durier; eh bien, je vous déclare que je n'entendrais rien du tout à la vente, et que M<sup>me</sup> Durier aurait en moi une fort mauvaise associée.

— Elle est plus en état d'en juger que vous-même, que moi, que personne. Soyez persuadée que si M<sup>me</sup> Durier désire vous avoir pour associée, c'est qu'elle est convaincue que vous lui serez utile. D'ailleurs, dans un commerce comme le sien, il ne s'agit pas de la vente seulement, il y a la confection, et

vous connaissez parfaitement cette partie ; il
y a l'achat des tissus et des matières premières, auquel vous vous entendez également ; ainsi vous n'auriez probablement à
vous occuper que de ces objets, tandis que
M^{me} Durier, elle, s'occuperait de la vente
seule. Et même, pour cette dernière partie,
vous vous mettriez facilement au courant,
car c'est celle qui offre le moins de difficulté,
et vous pourriez bientôt la remplacer au
besoin. Mais ce n'est pas tout cela qui vous
effraie et qui vous répugne, ajouta sœur Euphrasie en souriant : ce qui vous fait peur,
c'est le bruit de Paris, c'est le tumulte du
monde ; ce qui vous répugne, c'est de quitter
vos douces habitudes, de vous éloigner de
vos chers parents d'adoption et de vos amis,
au nombre desquels j'espère bien être comp-
tée.

— Eh bien, quand tout cela serait vrai,
ma chère sœur, et je vous avoue que vous
avez deviné juste, mes craintes et ma répugnance seraient-elles donc si blâmables ?

— Non, certainement, et je suis loin de
les blâmer ; mais notre vie n'est qu'une vie

de sacrifices et de privations, et quand les circonstances l'exigent, il faut savoir immoler ses goûts et ses habitudes, quelque agréables qu'ils soient.

— Je comprendrais parfaitement cela, ma sœur, s'il s'agissait de faire un sacrifice en vue de Dieu ou pour remplir un devoir de stricte obligation ; mais, en définitive, de quoi s'agit-il ? De me lancer dans les affaires, de m'assurer, dit-on, un sort pour l'avenir, en un mot, de faire fortune. Eh bien, je vous le déclare franchement, et d'ailleurs vous me connaissez assez pour en être convaincue, les richesses ne me tentent point. Pourvu que je gagne par mon travail de quoi subvenir à mes besoins et à ceux des braves gens qui m'ont recueillie dans mon abandon et ma pauvreté, je ne demande rien de plus au bon Dieu. Or, dans ce moment ce vœu n'est-il pas accompli ? Mon travail me rapporte plus que je ne l'avais jamais espéré ; mes parents et moi nous ne manquons de rien, et même, grâce à M. de Souval, mon tuteur, j'ai quelques économies pour parer aux événements imprévus. Pourquoi maintenant quit-

ter cette vie calme et paisible que je mène
ici, pour me livrer aux tourments et aux
fatigues qu'entraîne la poursuite des richesses?

— Je serais parfaitement de votre avis, ma
chère Lucille, si votre position actuelle était
aussi assurée que vous le croyez. Si vous pouviez compter d'une manière certaine sur un
travail régulier comme celui que vous avez
en ce moment, je serais la première à vous
dire : Restez ici, n'allez pas chercher fortune
ailleurs. Mais, comme l'a très-bien fait observer votre tuteur, votre position actuelle
n'est que précaire; elle peut même changer
promptement d'une manière défavorable, si
vous vous brouillez avec M$^{me}$ Durier; car c'est
par elle, c'est par son entremise, vous ne
pouvez pas vous le dissimuler, que vous pouvez obtenir un travail suivi et régulier. Sans
elle, qui viendra vous chercher dans ce village? Les quelques dames des environs qui
ont bien voulu favoriser vos premiers essais
suffiront-elles à vous entretenir d'ouvrage?
Puis, quand elles sauront que vous avez cessé
vos relations avec Paris, pensant que vous

n'êtes plus au courant des modes, elles cesseront elles-mêmes de vous faire travailler. Vous voyez donc, ma chère enfant, que vous auriez tort de compter sur la solidité de votre position actuelle pour refuser l'offre qui vous est faite. Quant à cette offre en elle-même, elle se présente sans doute sous un aspect avantageux pour vous; mais il n'est pas dit qu'elle vous conduise nécessairement aux richesses et à la fortune. Ce qu'elle vous assure, c'est du travail et beaucoup de travail; il est probable qu'une rémunération convenable y est attachée, et que votre part dans les bénéfices vous permettra de pourvoir largement aux besoins de vos parents adoptifs, plus largement même et d'une manière plus sûre que si vous restez ici; mais cela, comme je vous le dis, n'est que probable; car le commerce a des chances à courir, et elles ne sont pas toujours heureuses. Vous voyez donc, ma chère amie, que j'avais raison de dire que les circonstances exigeaient de vous le sacrifice que vous ferez de vos habitudes paisibles contractées dès votre enfance. Vous pourrez offrir à Dieu ce sacrifice; car ce n'est pas l'appât du gain et des richesses qui vous aura poussée à changer de position, mais la nécessité seule. Puis, si les richesses, légitimement gagnées par votre travail, viennent le récompenser, vous saurez en user convenablement, en n'oubliant pas les pauvres, et faire de ces biens terrestres, qui sont une occasion de perdition pour tant d'autres, un moyen de salut pour vous. »

Tous les autres amis de Lucille lui parlèrent à peu près dans le même sens que l'avaient fait M. de Souval et sœur Euphrasie. Mme de Souval lui rappela qu'elle trouverait une amie bien dévouée dans Mlle Cormier, et elle l'engagea à aller la voir le plus souvent qu'il lui serait possible.

« J'y ai déjà bien pensé, répondit Lucille; car, en vous voyant tous d'accord, ajouta-t-elle avec un soupir, je me suis décidée à accepter la proposition de Mme Durier, mais en réservant la permission d'aller voir souvent Mlle Cormier.

— Vous n'avez pas besoin de faire cette réserve, dit Mme de Souval; vous n'êtes plus une ouvrière ou une apprentie; vous êtes une associée, et comme telle vous jouissez d'une pleine liberté; bien entendu, vous n'en abuserez pas au préjudice de la maison.

— Non-seulement, ajouta M. de Souval, vous pourrez voir quand vous voudrez M^{lle} Cormier; mais, dans la belle saison, quand les affaires le permettront, vous pourrez venir passer ici un jour ou deux. Songez que par le chemin de fer nous ne sommes qu'à sept à huit heures de Paris; vous pourriez donc venir ici presque tous les dimanches en partant le samedi dans l'après-midi, et en retournant le lundi matin à vos affaires. »

M^{me} Durier entra en ce moment chez M. de Souval, où Lucille était venue annoncer sa détermination. En apercevant Lucille, qu'elle n'avait pas encore vue, elle s'écria : « Dieu! comme la voilà grande et belle femme depuis quatre ans que je ne l'ai vue! » Puis, se reprenant, elle dit avec son ton brusque, en s'adressant à M. de Souval : « Mais ce n'est pas de cela qu'il s'agit; puis-je compter sur elle ?

— Oui, Madame, » répondit le tuteur.

Alors M^{me} Durier, avec un élan de joie, s'é-

lança vers Lucille en lui tendant les bras :
« Bonjour donc, ma chère enfant ! mais viens
que je t'embrasse ! » Et elle serra Lucille
dans ses bras avec une tendresse toute ma-
ternelle.

Quand ces démonstrations furent un peu
calmées, M. de Souval ramena la conversation sur le terrain des questions sérieuses. Il
demanda à M^{me} Durier de quelle nature serait l'association qu'elle voulait contracter
avec Lucille, quelle part celle-ci aurait dans
les bénéfices, etc. etc. M^{me} Durier répondit
d'une manière satisfaisante à toutes ces
questions, et M. de Souval se mit en
devoir de rédiger un projet de l'acte d'association.

Pendant que son mari écrivait, M^{me} de
Souval engagea M^{me} Durier à ne pas trop fa-
tiguer Lucille, surtout dans les commencements ; elle lui parla de son désir de voir
souvent M^{lle} Cormier, et même de son projet
de venir quelquefois dans la belle saison passer
un jour ou deux en Touraine.

« Il n'y a aucun inconvénient à tout cela,
répondit M^{me} Durier. Elle pourra voir M^{lle} Cor-

mier tant qu'elle voudra ; quant à faire de
temps en temps un petit voyage en Touraine,
il suffira de me prévenir quelques jours d'a-
vance. Je conçois qu'élevée à la campagne,
elle l'aime beaucoup, et qu'elle trouve un peu
ennuyeux, surtout dans les commencements,
le séjour de la ville ; mais il n'est presque pas
de dimanche où je n'aille moi-même à la
campagne, et Lucille m'accompagnera quand
elle le voudra. J'ai même loué une petite maison à Fontenay-aux-Roses, avec un jardin où
je fais cultiver une grande variété de roses ;
c'est là que nous allons prendre souvent nos
modèles pour nos roses artificielles. Ce jardin, j'en suis sûre, plaira beaucoup à Lucille.
D'autres fois je vais chez un de mes neveux,
qui est établi à Ville-d'Avray ; une autre fois
c'est à Clamart et au bois de Meudon, à
Bellevue, à Enghien, que sais-je ? Vous avez
beau être fiers de votre Touraine : moi, je
trouve les environs de Paris plus jolis, et je
parierais qu'avant deux ou trois ans d'ici Lucille sera de mon avis. »

Lucille sourit d'un air d'incrédulité ; mais
elle ne fut pas moins satisfaite d'apprendre

qu'elle pourrait de temps en temps aller respirer l'air de la campagne.

Quand M. de Souval eut terminé la rédaction de son projet de société, il en donna lecture ; M^me Durier signa l'un des doubles, Lucille et son tuteur signèrent l'autre.

« Je vous ferai observer, dit alors M. de Souval, que ceci n'est qu'un projet : il ne peut devenir définitif qu'après l'accomplissement de certaines formalités qui nécessitent quelques délais. Lucille ne peut exercer le commerce sans être émancipée et autorisée par son conseil de famille. Je me charge de remplir toutes ces formalités, et quand elles seront terminées, j'irai moi-même à Paris vous porter l'acte contenant l'autorisation du conseil de famille, et c'est alors seulement que le projet que nous venons de signer aujourd'hui pourra être converti en un acte de société régulier.

— En fin de compte, dit M^me Durier, puis-je emmener Lucille dès à présent ? Entre honnêtes gens, les engagements, qu'ils soient authentiques ou non, par écrit ou par pa-

roles, c'est tout un ; ils n'en sont pas moins
sacrés.

— C'est bien comme nous l'entendons ;
Madame ; vous pouvez considérer dès aujour-
d'hui M^{lle} Lucille Vuillemot comme votre
associée aux conditions portées dans notre
projet. Rien n'y sera changé ; aussi ne vois-je
aucun inconvénient à ce qu'elle parte avec
vous dès aujourd'hui.

— Oh ! moi, dit M^{me} de Souval, je réclame
jusqu'à demain matin. Songez qu'elle n'aura
pas trop du reste de la journée et même d'une
partie de la nuit pour faire ses préparatifs et
ses adieux à toutes ses connaissances.

— Eh bien, soit, dit M^{me} Durier, va pour
demain matin par le train de sept heures et
demie. »

Et le lendemain matin, à l'heure dite, le
train emportait dans un de ses wagons les
deux nouvelles associées, dont l'une avait le
cœur bien gros, et l'autre la figure épanouie.

# CONCLUSION

Pour terminer l'histoire de Lucille, nous
avons cru ne pouvoir mieux faire que de
reproduire en entier ou par extrait une partie
de la correspondance entre quelques-uns des
personnages que nos lecteurs connaissent
déjà.

## LUCILLE VUILLEMOT A M<sup>me</sup> DE SOUVAL

Paris..., octobre 1855.

Dans ma précédente, je vous ai rendu compte de mon voyage, de mon arrivée à Paris, et de mon installation chez M<sup>me</sup> Durier. Huit jours se sont écoulés depuis, et maintenant je crois pouvoir mieux répondre à vos questions sur ma position réelle, et vous dire si je pense pouvoir m'y accoutumer.

Parlons d'abord de la patronne. M<sup>me</sup> Durier est une femme qui n'a pas de détours. Vous avez pu la juger dans le peu de temps que vous l'avez vue. Vive, brusque parfois, je dirais même emportée, elle dit franchement tout ce qu'elle a sur le cœur; mais l'instant d'après il n'y paraît plus. C'est une excellente femme au fond, qui n'est méchante qu'à la surface. J'aime mille fois mieux ce caractère que celui de ces gens doucereux et hypocrites qui ont du miel sur les lèvres et du fiel dans le cœur. Je m'accoutumerai facilement avec elle, maintenant que je la connais. Autrefois elle me faisait peur, je tremblais devant elle; maintenant, quand elle se fâche, je ris, et elle se met à rire plus fort que moi.

En arrivant ici, je vous ai déjà dit qu'elle m'avait présentée aux ouvrières comme une seconde patronne, à qui on devait obéissance comme à elle-même. Mais ce que je ne vous ai pas dit, c'est qu'après avoir prononcé ces paroles de son ton le plus grave, elle s'aperçut qu'une ouvrière, une ancienne, qui m'avait connue pendant mon mois d'apprentissage, s'était mise à rire. Aussitôt changeant de ton, elle s'avança vers cette fille, et, avec une voix et un geste menaçants, elle lui dit : « Eh bien ! qu'as-tu à rire, toi? — Mais je ne ris pas, Madame. — Tu mens; je t'ai vue rire; je n'entends pas qu'on ait l'air de se moquer de moi à mon nez. Si tu n'es pas contente, va-t'en. »

Alors la pauvre fille s'est mise à pleurer. « Ah ! tu pleures maintenant, dit Mᵐᵉ Durier en changeant de ton : à la bonne heure;

j'aime mieux ça. Fais tes excuses à M<sup>lle</sup> Vuillemot, et qu'il ne soit plus question de
rien.

— Pardon, dis-je alors à M<sup>me</sup> Durier,
M<sup>lle</sup> Joséphine, que je reconnais, a été une
de mes anciennes camarades d'atelier; elle
n'a point d'excuses à me faire; seulement
je lui demande la permission de l'embrasser
pour renouveler connaissance.

— Allons, *bravo*, ma fille ! s'écria M<sup>me</sup> Durier, embrassez-vous, je le veux bien : Joséphine est une bonne fille au fond ; mais
j'entends que ni elle ni d'autres ne vous re-
gardent désormais comme une camarade, et
que toutes se rappellent que vous êtes ici
maîtresse autant que moi. » J'ai embrassé
Joséphine, puis d'autres anciennes qui
m'avaient aussi connue, puis les nouvelles;
enfin j'ai donné des accolades à tout l'atelier. A compter de ce moment, je n'ai reçu
de la part de toutes que des marques de
sympathie et de déférence.

D'après ce que je viens de vous dire, vous
pouvez conclure que je crois pouvoir m'accoutumer facilement ici. Je dis *je crois*, car

je n'en suis pas encore bien sûre. Il y a tant
de différence entre la vie que je mène et celle
que je menais quand j'étais au village ! Après
cela, je conviens que Paris s'offre à moi sous
un aspect tout différent qu'à mon premier
voyage. Ce n'est pas que je m'habitue encore
à son bruit et à son vacarme continuel ;
mais je me sens plus libre que je ne l'étais
alors ; je puis, tout en m'occupant de mon
travail, me livrer à des exercices de piété
qui me sont familiers, ce que je ne pouvais
pas faire autrefois. Ainsi, comme je me lève
toujours de bonne heure, je vais tous les
matins entendre la messe à une église qui
est tout près de la maison, et je rentre avant
l'ouverture du magasin et des ateliers. Le
soir, comme je suis seule dans ma chambre,
je puis faire mes prières, lire quelques pas-
sages de l'*Imitation* ou d'autres livres de
piété, réciter mon chapelet, etc. Tout cela
est pour moi un puissant sujet de consola-
tion, et me fait moins regretter ma chère
solitude. Je me trouve heureuse d'avoir ces
deux moments, le matin et le soir, pour me
recueillir ; car le reste de la journée est tel-

lement occupé, que le temps passe avec une rapidité effrayante.

Je ne vous ai pas encore parlé de M<sup>lle</sup> Cormier. Je ne l'ai vue encore que deux fois; mais quel bonheur j'ai éprouvé de m'entretenir avec elle, de parler de vous, du pays, de ma bonne mère Marguerite, du papa Michaud, de ma chère chapelle de la Vierge, que je regrette tant, de sœur Euphrasie, et de nos promenades dans la campagne, quand elle me donnait des leçons de botanique! Ces souvenirs faisaient couler mes larmes, et je sens encore mes yeux se mouiller en les rappelant dans ces lignes.

A sa seconde visite, M<sup>lle</sup> Cormier m'a emmenée avec elle à sa pension. Elle m'a présentée d'abord à M<sup>me</sup> X***, la maîtresse, en lui disant sur mon compte une foule de choses qui m'ont fait rougir; puis elle m'a présentée aux élèves de la division des grandes, et je me suis trouvée tout à coup comme en pays de connaissance. M<sup>lle</sup> Cormier les avait si bien instruites sur mon compte, qu'elles me parlaient toutes comme si j'avais été une de leurs anciennes camarades. Plusieurs d'entre elles se sont trouvées à l'exposition, et ont été témoins du fameux pari que vous savez ; elles avaient raconté cela à leurs camarades, de sorte que toutes me rappelaient cet événement dans ses moindres détails, et m'accablaient de questions auxquelles j'étais souvent embarrassée de répondre, au point que M<sup>lle</sup> Cormier s'est vue obligée de les inviter à montrer plus de discrétion. Du reste, ce sont toutes des jeunes personnes fort aimables ; la plupart appartiennent aux classes élevées de la société, ce qui explique leur affabilité, leur simplicité de manières avec une personne comme moi, qui ne suis après tout qu'une simple ouvrière fleuriste, malgré le titre de seconde patronne que me donne M<sup>me</sup> Durier.

## M<sup>lle</sup> CORMIER A M<sup>me</sup> DE SOUVAL

Paris,... avril 1856.

Il y a longtemps, ma chère amie, que je
ne t'ai parlé de notre petite Lucille. Te dire
que M<sup>me</sup> Durier en est toujours enchantée,
que les ouvrières et toutes les personnes at-
tachées à la maison l'aiment de la plus sincère affection, cela ne t'étonnera pas. Lucille
est une de ces natures privilégiées qui ont
le don de se faire aimer de tout ce qui les
entoure, de tout ce qui les approche. Nos
jeunes pensionnaires en raffolent, et maintenant, quand elles s'habillent, elles ne
veulent plus avoir d'autres fleurs pour parure que celles qui sortent des ateliers de
M<sup>lle</sup> Lucille Vuillemot. Du reste, c'est aujourd'hui la mode : il a paru dernièrement
un article dans un journal, qui, à l'occasion
de je ne sais quelle soirée chez un ministre,
a cité une de nos plus belles dames dont il
décrivait la toilette, et qui avait à sa robe
une guirlande de roses blanches de M<sup>lle</sup> Lu-

cille Vuillemot. Était-ce une réclame qu'avait
fait insérer M^{me} Durier? je n'en sais rien;
mais ce qu'il y a de certain, c'est que depuis
ce temps la maison *veuve Durier et Lucille
Vuillemot* ( c'est la raison commerciale qu'elle
a prise depuis l'association) jouit d'une vogue
étonnante. Elle doit faire des affaires d'or,
je n'en doute pas; mais la pauvre Lucille se
tue à travailler, et je crains bien que sa
santé ne s'altère. Ce n'est pas l'appât du
gain qui la guide; elle n'y songe même pas,
elle ne s'en occupe pas; mais le travail la
commande; elle ne veut rien laisser en retard, et une fois qu'elle a promis une livraison, elle passera des nuits, s'il le faut, pour
ne pas manquer à sa promesse. Pendant une
partie de l'hiver, elle a eu un rhume qui m'a
donné beaucoup d'inquiétude; il n'est même
pas encore bien guéri. Je lui répète souvent
de se ménager, qu'elle se tuera si elle continue. « Bah! me répond-elle, ce n'est pas
le travail, ce n'est que l'oisiveté qui tue.
Quand je travaille, j'oublie; quand je ne
travaille pas, je me souviens, et c'est là ce
qui me fait du mal. »

Hélas ! oui, la pauvre enfant se souvient ;
elle ne se souvient que trop de la vie heureuse et calme qu'elle passait au village.
Nous l'avons crue accoutumée à sa nouvelle
existence, parce qu'elle faisait des efforts
extraordinaires de volonté pour s'y accoutumer ; elle cherchait dans le travail à s'é-
tourdir, afin d'oublier comme d'autres cher-
chent dans l'ivresse à s'étourdir aussi, pour
oublier quelques chagrins secrets.

J'espérais qu'une fois les fêtes et les soi-
rées de l'hiver terminées, elle serait moins
pressée d'ouvrage, et pourrait prendre quelque repos. Effectivement, au moment du
carême les commandes ont diminué considé-
rablement ; mais au lieu de se soigner, de
se tenir chaudement dans sa chambre, elle
s'est mise à suivre tous les exercices religieux
de plusieurs églises de Paris. Un certain
nombre de ces églises sont chauffées, d'autres
ne le sont pas ; elle a eu chaud, elle a eu
froid, elle a eu les pieds mouillés pendant
des journées entières. Quand je lui faisais
des observations, que je l'engageais à soigner
sa santé, elle me répondait : « Ah ! vous ne

vous figurez pas combien cela me fait du
bien de prier Dieu à mon aise à l'église,
d'assister à ces belles cérémonies du culte,
d'entendre la parole de Dieu ! J'ai été si
longtemps privée de toutes ces choses, que
je suis comme un homme affamé qui, après
avoir été longtemps privé de nourriture, se
trouve tout à coup devant une table bien
servie ; il ne peut se rassasier ; il mange
non-seulement pour apaiser sa faim actuelle,
mais pour prévenir sa faim à venir. — Fort
bien, lui répondis-je en riant ; mais gare
une indigestion ! — De prières ?... répliqua-
t-elle sur le même ton ; oh ! celles-là, vous
le savez bien, ne sont pas dangereuses ; elles
ne font jamais mourir ; au contraire, elles
font vivre. »

Aux vacances de Pâques, j'espérais la
mener passer quelques jours à la campagne ;
nous avions fait le projet d'aller vous sur-
prendre en Touraine ; mais le temps a été si
mauvais, que les premiers jours du printemps ressemblaient aux plus mauvais jours
de l'hiver. De la pluie, ou plutôt de la neige
fondue, des giboulées, un vent glacial du

nord-ouest, voilà ce que nous avons éprouvé pendant une partie de la semaine sainte
et de la semaine de Pâques. Allez donc
faire des parties de campagne avec un temps
pareil ! Nous avions remis notre projet aux
premiers beaux jours ; Lucille consultait
sans cesse le baromètre, et, quand elle ne
venait pas me voir, elle m'écrivait que le
temps s'embellirait probablement le lendemain, qu'il fallait me tenir prête à partir.
Puis le lendemain tout était changé, la
pluie et les giboulées recommençaient de
plus belle. Enfin, vers le 15 de ce mois,
le temps s'est radouci, et tout nous annonçait au moins quelques bonnes journées.
Nous allions en profiter pour nous mettre
en route, quand je reçus le matin une lettre
de Lucille qui m'annonçait qu'il venait de
lui arriver de Russie des commandes très-
fortes et très-pressées. « Voilà, me disait-
elle, un des premiers effets de la paix avec
la Russie; depuis deux ans, Mᵐᵉ Durier, qui
faisait autrefois beaucoup d'affaires avec ce
pays-là, avait vu cesser toutes ses relations;
elles vont reprendre probablement avec une

nouvelle activité. Qui aurait cru cependant qu'une aussi heureuse chose que la paix allait nous empêcher d'exécuter notre charmant projet de voyage? Il faut bien en prendre son parti, et j'aime mieux envoyer des fleurs aux Russes, que de penser que nos soldats leur envoient des boulets et des balles. »

Malgré cette résignation apparente, je suis sûre qu'elle a éprouvé une grande contrariété de ce retard. Je suis allée la voir il y a deux jours, elle était, ou du moins paraissait très-gaie; mais c'était encore l'effet de cet enivrement du travail dont je te parlais tout à l'heure. Pour moi, cette gaieté me faisait mal. Quand je lui ai demandé des nouvelles de son rhume, elle m'a dit qu'il était presque guéri; mais je n'en crois rien. J'ai entendu plusieurs fois sortir de sa poitrine une petite toux sèche d'assez mauvais augure. Du reste, sa figure n'est pas changée; elle est plus fraîche et plus jolie qu'elle ne l'a jamais été. Elle m'a chargée de compliments pour toi, de te prier de l'excuser si elle ne pouvait t'écrire en ce

moment, et si tu avais occasion de voir sœur
Euphrasie, de lui faire les mêmes excuses.

---

## LUCILLE VUILLEMOT A SŒUR EUPHRASIE

Paris, 15 juillet 1856.

Combien il me tardait, ma chère sœur,
de trouver un moment pour vous écrire !
Je n'ai pas besoin de m'excuser auprès de
vous, car vous êtes assez indulgente et vous
me connaissez assez pour savoir que, si je
ne vous écris pas, c'est que cela m'est absolument impossible. Vous avez dû recevoir
de mes nouvelles par M$^{me}$ de Souval, avec
laquelle cette bonne et excellente M$^{lle}$ Cormier est en correspondance suivie; elle a la
bonté de lui parler de moi, et je sais que
par elle vous avez été instruite de tout ce
qui m'est arrivé.

Dans ma dernière lettre, datée, je crois,
du lundi de Pâques, je vous annonçais le

projet que nous avions formé, M^{lle} Cormier
et moi, d'aller vous voir ; mais l'homme
propose, et Dieu dispose. Vous savez quelle
circonstance imprévue nous en a empêchées.
J'espérais toujours que, cette commande de
Russie terminée, nous pourrions enfin réa-
liser notre projet ; mais avant que la première fût finie, il en est arrivé une seconde,
puis une troisième ; si bien que nous avons
eu plus d'ouvrage cet été, qui est d'ordinaire la morte-saison, que nous n'en avons
eu pendant tout l'hiver. Cela m'a un peu
fatiguée ; car j'ai souvent été obligée de me
lever dès trois heures du matin et de travailler jusqu'à la nuit. M^{me} Durier me gron-
dait, me disant qu'il ne fallait pas ainsi
abuser de mes forces ; mais, que voulez-vous,
je ne pouvais pourtant pas laisser la besogne
en souffrance. D'ailleurs je ne me sentais
pas trop de fatigue dans les commencements,
et, n'eût été ce maudit rhume qui ne veut
pas me quitter, j'aurais pu facilement continuer ; mais au lieu de s'en aller comme je
l'espérais, quand les chaleurs viendraient,
il a repris avec plus de force qu'auparavant ;

de sorte que j'ai été obligée de garder le lit
pendant plusieurs jours. Je puis dire que
M^me Durier et toutes les personnes de sa
maison ont eu pour moi les soins les plus
empressés et les plus délicats. Chaque jour,
depuis que j'habite avec elle, j'apprends à
connaître davantage la bonté de son cœur.
Vous ne sauriez vous imaginer les attentions
qu'elle a pour moi. Comme elle sait que
j'aime la campagne, elle me fait souvent
promener en voiture dans les environs de
Paris, qui sont réellement fort beaux; ce
ne sont que des châteaux magnifiques, des
parcs, des jardins admirablement soignés;
mais ce n'est pas là ce que j'appelle la campagne, la campagne que j'aime, où l'on
peut courir, sauter, cueillir des fleurs,
comme je le faisais autrefois. Hélas ! ce
temps est passé bien rapidement : revien-
dra-t-il jamais?... Puisqu'il ne m'est plus
permis, comme dans cet heureux temps,
d'aller cueillir des fleurs pour orner notre
chapelle et la statue de la sainte Vierge, je
veux au moins essayer de m'en dédomma-
ger. J'ai commencé une couronne de roses

blanches et quelques vases de fleurs que je vous enverrai pour le jour de l'Assomption, dans un mois. Comme je veux y travailler seule, et que je ne puis y consacrer que peu d'instants chaque jour, je m'y suis prise de bonne heure, afin d'avoir fini à temps. J'adresserai ces objets dans une caisse, quelques jours avant la fête, à M^me de Souval, qui vous les remettra. Je désire que vous ayez la bonté de les faire bénir par M. le curé, avant de les placer.

Veuillez, je vous prie, ma bonne sœur, avoir encore la bonté de visiter le père et la mère M...haud; informez-vous s'ils ont besoin de quelque chose, et veuillez m'en avertir aussitôt. J'ai envoyé du papier et des meubles pour tapisser et orner ma chambre; informez-vous si l'on s'en est occupé. Il y avait dans cet envoi un grand fauteuil, à coussin élastique, destiné au père Michaud; j'ai ouï dire qu'il le trouvait trop beau pour s'en servir. Veuillez, je vous prie, lui faire entendre que, s'il n'en faisait pas usage, cela me contrarierait beaucoup. Pardon, ma chère sœur, de tous les embarras que je vous donne; je me réserve de vous remercier au mois de septembre prochain, car c'est décidément pour cette époque que mon voyage est fixé.

---

### M<sup>me</sup> DE SOUVAL A M<sup>lle</sup> CORMIER

De la Souvalière, le 25 octobre 1856.

Hélas! ma chère amie, les craintes que je te manifestais dans ma dernière lettre ne se sont que trop réalisées (1). J'ai d'abord été bien contrariée en apprenant que tu étais dans l'impossibilité de venir; mais aujourd'hui je ne suis pas fâchée que tu n'aies pas fait ce voyage, qui n'eût été pour toi qu'un sujet de tristesse et de deuil.

Je te disais dans ma dernière lettre que la

(1) Dans cette lettre, datée du commencement d'octobre, M<sup>me</sup> de Souval racontait à son amie les détails de l'arrivée de Lucille au pays; elle lui parlait de l'altération de la santé de cette jeune personne, qui lui paraissait toucher au dernier degré de la phthisie; puis elle l'invitait avec instance à venir passer quelques jours au moins à la Souvalière, si elle voulait voir encore une fois leur jeune amie.

pauvre enfant ne se doutait pas, quand elle
est arrivée, de sa triste position ; mais sœur
Euphrasie, M. le curé, mon mari et moi-
même, nous ne nous y sommes pas trompés.
La transparence de son teint, le rouge qui
couvrait comme une plaque de carmin les
pommettes de ses joues, et la fréquence
d'une toux sèche qui lui déchirait la poitrine, étaient des symptômes plus que suf-
fisants pour en signaler le danger. Mon
mari fit venir un des médecins les plus re-
nommés de Tours. Dès que le docteur l'eut
examinée, il nous déclara qu'il n'y avait
plus de remède ; que tout ce que la science
pouvait faire était de soulager un peu les
douleurs de la malade et de retarder de
quelques jours le fatal dénoûment. Il pres-
crivit en conséquence quelques remèdes
adoucissants, défendit toute application sé-
rieuse, tout exercice fatigant, permettant
seulement quelques promenades, mais en
évitant avec soin la fraîcheur du serein et la
rosée du matin.

Nous fîmes suivre scrupuleusement à la
malade ces prescriptions. Souvent je l'ac-

compagnais moi-même dans ses promenades; alors elle me parlait de celles qu'elle
avait faites autrefois avec toi dans les mêmes
lieux; elle me montrait le rocher où vous
vous asseyiez quand tu lui donnais des leçons de botanique; puis elle me parlait de
ses projets pour l'avenir, de la maison
qu'elle voulait acheter pour loger ses vieux
parents, de la manière dont elle la meu-
blerait, de la petite chambre qu'elle se ré-
servait, car la pauvre enfant ne se doutait
pas encore qu'elle touchait aux portes du
tombeau. Je l'écoutais, le cœur navré, quand
elle me parlait ainsi, en pensant que *chaque
feuille qui tombait était pour elle un présage
de mort,* comme l'a dit le poëte dont nous
avons appris ensemble la touchante élégie
de *la Chute des feuilles;* et, en regardant
Lucille, je répétais en moi-même et invo-
lontairement ces vers :

> Fatal oracle d'Épidaure,
> Tu l'as dit : Les feuilles des bois
> A ses yeux jauniront encore;
> Mais c'est pour la dernière fois (1).

(1) MILLEVOYE, élégie intitulée *la Chute des feuilles.*

Enfin, quand le mal eut fait des progrès
tels que l'on pouvait s'attendre à chaque
instant à la voir s'éteindre comme une lampe
qui manque d'aliment, sœur Euphrasie se
chargea de lui annoncer cette triste nouvelle.
Lucille l'écouta sans s'émouvoir, puis elle
répondit avec calme : « Un peu plus tôt,
un peu plus tard, cela fait peu de chose,
puisqu'il faut toujours mourir... Le peu que
j'ai connu de la vie n'est pas fait pour me
la faire regretter ; je regretterais seulement
de me séparer des personnes que j'aime,
si je n'avais le ferme espoir de les revoir
bientôt dans un lieu où je ne craindrai plus
d'en être séparée. Allons, ajouta-t-elle presque
en souriant, maintenant que vous m'avez
annoncé mon voyage, il faut que je songe
aux préparatifs. »

Dès le jour même, elle se confessa et
voulut recevoir le saint Sacrement. Dans
l'après-midi, comme elle se sentait encore
la force de marcher, elle voulut aller au
cimetière prier sur la tombe de sa mère.
Elle montra à sœur Euphrasie, qui l'accom-
pagnait, la place où elle désirait être en-

terrée; puis, de retour dans sa chambre,
elle fit prier mon mari de passer chez elle.
C'était pour qu'il lui fît un modèle de tes-
tament, par lequel elle donnerait tout ce
qu'elle possédait à ses parents adoptifs.
Elle copia cet acte d'une main ferme, le re-
mit à mon mari en lui disant : « Je vous remercie, Monsieur, des bontés que vous avez
eues pour moi; dites à M^{me} de Souval qu'elle
ne m'oublie pas dans ses prières; moi je ne
l'oublierai pas dans les miennes, si j'ai le
bonheur, comme j'en ai l'espérance, d'aller
bientôt dans notre véritable patrie. »

La nuit suivante elle fut prise d'un accès
de fièvre assez violent, qui dura près de
vingt-quatre heures. Quand il se calma, la
malade sembla sortir d'un rêve, mais sa
faiblesse était extrême. « Je viens de voir,
dit-elle à sœur Euphrasie qui veillait auprès
d'elle, je viens de voir la sainte Vierge avec
la couronne de roses blanches que j'ai faite
pour sa fête : elle m'a dit : « Ma fille, je
vous attends ce soir, pour poser moi-même
cette couronne sur votre front. » Était-ce
un rêve, était-ce une vision, était-ce un

souvenir de la légende qu'elle avait lue dans son enfance? Le fait est que le soir, au moment où le soleil se couchait, l'âme candide et pure de Lucille prenait son vol vers les cieux.

On plaça sur son cercueil la dernière couronne qu'elle avait faite pour la sainte Vierge.

FIN

# TABLE

6629. — TOURS, IMPR. MAME

Original en couleur

NF Z 43-120-8

www.ingramcontent.com/pod-product-compliance
Lightning Source LLC
Chambersburg PA
CBHW052055090426
42739CB00010B/2185